외국인을 위한
슬기로운 한국생활

일상생활편

A Foreigner's Guide to Living Wisely in Korea

이현주

박영사

목차

01

인사

밥은 먹었냐고 해요

학습 목표

1. 한국에서 인사를 배울 수 있다.
2. 한국에서 호칭을 이해할 수 있다.

01 인사

밥은 먹었냐고 해요

이 인사는 언제/누구에게 할까요?

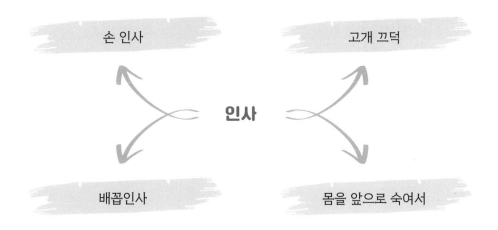

손 인사

고개 끄덕

인사

배꼽인사

몸을 앞으로 숙여서

　　한국에서 어학연수를 한 지 6개월이 지났다. 베트남에서부터 한국어를 배웠지만 한국에서 배우고 사용할 때 다른 것이 있어서 당황한 적이 있다. 바로 사람들과 인사하는 것이다. 처음 만났을 때 "만나서 반갑습니다."를 하고 나서 한국 사람들은 이름이 아니라 나이를 먼저 물어봤다. 이것은 높임말 사용을 위해서라는 것을 알게 되었다. 또 복도에서 한국어 선생님을 만났을 때 "안녕하세요?"라고 인사했는데 선생님은 "밥 먹었어?"라고 다시 물어봤다. 강의실 밖에서 친구를 만나서 "안녕?"하고 인사를 했는데 친구는 나에게 "어디 가?"라고 말했다. 그리고 국제교류센터 선생님을 오랜만에 만나서 "반갑습니다."라고 인사했는데 선생님이 나에게 "별일 없지?"라고 하셨다. 처음에는 왜 "안녕하세요?", "안녕?"으로 똑같이 인사하지 않을까 궁금했다. 그리고 다시 질문을 들으면 어떻게 대답해야 할까 고민하기도 했다. 그런데 이제는 그것이 모두 인사인 것을 알게 되었다. 그래서 이제는 다른 인사를 들어도 자연스럽게 대답할 수 있게 되었다. 하지만 아직도 궁금하다. 왜 "밥 먹었어?"라고 말하고, "별일 없지?"라고 인사하는 것일까?

알아보기 1

다양한 인사 표현

　한국에서는 "안녕하세요?", "안녕하십니까?" 외에도 다양한 인사 표현이 있습니다.

　'밥'에 관한 인사는 밥, 즉 먹는 것을 중요하게 생각했기 때문에 사용하게 되었습니다. 특히 한국은 한국전쟁 이후 먹는 것이 아주 귀했습니다. 음식이 넉넉하지 않아서 한 끼를 먹는 것을 중요하게 생각했습니다. 그러면서 서로에게 안부 인사로 "밥 먹었어?"라고 말하고 어른에게는 "식사하셨어요?"라고 인사를 하게 되었습니다. 이것은 보통 자주 만나는 사이에 하는 인사입니다.

　'별일' 인사는 "별일 없지요?", "별일 없으시지요?"라고 합니다. 보통 가까운 사람을 오랜만에 만났을 때 사용합니다. '별일'은 자주 일어나지 않는 이상한 일, 특별히 다른 일을 의미합니다. '별일 없다'는 '이상하고 낯선 일이 없다', 즉 모두 무사하다, 안녕하다는 뜻입니다. 서로에게 "별일 없지?"라고 묻는 것은 서로가 나쁜 일 없이 무사하기를 바라는 마음에서 하는 인사로 볼 수 있습니다.

　"어디 가?" 인사는 길에서 또는 밖에서 사람을 만났을 때 사용합니다. 어디 가는지 장소를 묻기보다는 지금 길을 가고 있는 사람에게 그것을 확인하는 의미로 "어디 가?", 혹은 "어디 가세요?"라고 인사합니다. 이때는 "네, 지금 은행 가요."라고 장소를 직접 대답하지 않고 "네~"하고 가볍게 인사하면 됩니다.

　한국 사람들은 오랜만에 가까운 사람을 만났을 때 "예뻐졌다.", "몰라보겠네.", "얼굴 좋아졌다." 같은 외모를 칭찬하는 말을 인사로 하기도 합니다. 이것은 한국 사람들이 외모에 관심이 많고 이런 관심을 서로에게 표현하기 때문으로 볼 수 있습니다. 이런 인사를 들을 때는 함께 관심을 표현해 주면 좋습니다.

　마지막으로 만난 사람과 헤어질 때 "다음에 보자.", "다음에 밥 한번 먹자."라고 인사하는 것을 들을 수 있습니다. 이것은 약속이 아니라 헤어질 때 가볍게 하는 인사입니다. 진짜 약속을 한다면 날짜, 시간, 장소를 정확하게 정해서 말할 것입니다. "다음에 보자." 인사하는 것은 나중에도 만나고 싶은 마음을 표현한 것입니다.

한국의 특별한 인사말	대답	언제 말해요? 왜 말해요?
❶		
❷		
❸		
❹		

몸을 숙이는 것에 따라서 인사는 어떻게 달라질까요?

목례	보통 인사	정중한 인사
· 자주 만날 때 · 손에 짐이 있을 때	· 가장 일반적 · 상사나 웃어른을 만났을 때	· 사과할 때 · 감사의 뜻을 전할 때

활동
질문에 대답해 봅시다.

❓ 여러분은 한국에서 어떤 인사말을 들어 봤습니까?

❓ 여러분 나라의 인사말을 소개해 보세요.

오늘은 응우옌이 언어교환하는 한국 친구를 처음 만나는 날이다.

응우옌: 안녕하세요? 저는 베트남에서 왔고요. 이름은 응우옌이에요.

김나영: 안녕하세요? 저는 김나영이에요. 혹시 나이를 물어봐도 돼요?

응우옌: 저는 2006년에 태어났어요. 나영 씨는요?

김나영: 저도요. 우리 나이가 같으니까 반말로 할까요?

응우옌: 네, 좋아요. 아! 응, 좋아!

김나영: 응우옌, 조금 있다가 경수 오빠랑 지수 언니도 올 거야. 오면 소개해 줄게.

응우옌: 오빠? 언니? 나영이는 가족이 많구나.

김나영: 진짜 오빠, 언니는 아니고 친한 동아리 선배들이야.

응우옌: 드라마에서도 오빠, 언니, 이모라고 부르는 걸 봤어.
그런데 언제 이런 표현을 쓰지?

김나영: 보통 친한 사람이나 친근함을 표시할 때 사용해.

응우옌: 그렇구나. 그럼 나도 다음에 써 봐야지.

호칭

　　한국에서는 누구와 대화하는지, 어디서 대화하는지에 따라서 부르는 말, 호칭이 달라집니다. 나이가 같거나 어린 사람, 친한 사람은 이름 뒤에 '-아/야'를 붙여서 '나영아', '지수야'로 부를 수 있습니다. 병원, 은행과 같은 관공서에서 고객을 부를 때는 이름 뒤에 '-님'을 붙여서 '김나영 님'이라고 합니다. 회사에서 같은 직급이라면 이름 뒤에 '씨'를 붙여서 '김나영 씨', '박경수 씨'로 부릅니다. 나보다 급이 높은 직급을 부를 때는 '김 과장님', '박 부장님'으로 부를 수 있습니다. 사장님과 같이 직급이 높은 사람이 아래 사람을 부를 때는 '김 과장', '이 대리'로 부를 수 있습니다. 또 나이가 많은 사람은 어린 사람에게 '자네' 라는 호칭을 사용할 수 있습니다.

　　길거리에서 길을 물을 때나 모르는 사람과 대화할 때는 '저기요', '저기'를 쓸 수 있습니다. 가끔 식당이나 매장에서 사람을 부를 때 '이모', '언니'라는 표현을 들을 때가 있습니다. 또 나보다 나이가 많은 사람에게 '언니', '형'이라고 하거나 남자 친구를 '오빠'라고 부르기도 합니다. 가족의 표현을 다른 사람에게 쓰는 것은 친근함의 표시입니다. 예전에는 연인 사이에 '자기', '여보' 등의 호칭을 많이 사용했습니다. 최근에는 서로의 이름을 부르거나 각자 약속한 애칭으로 부르기도 합니다.

이름	나영아, 김나영 씨, 김나영 님
직함	김 과장, 김과장님, 사장님
직업	기사님, 교수님, 변호사님
가족	할아버지, 할아버님, 이모, 삼촌
대명사	자네, 자기, 저기
통칭적	아줌마, 아저씨

사라진 한국식 나이 계산법

"실례지만 나이가 어떻게 되세요?"처럼 한국에서는 처음 만났을 때 이름보다 나이를 먼저 묻는 것이 보통입니다. 상대방의 나이를 듣고 "동안이네요."나 "어려 보이시네요."를 칭찬으로 대답하는 경우도 있습니다. 이렇게 초면에 나이를 먼저 물어보는 것을 두고 높임말을 사용하기 때문이라는 의견도 있고 사람들 사이에서 누가 윗사람인지 서열을 나누기 위함이라는 의견도 있습니다. 한국에서는 2023년 6월에 한국식 나이 계산법이 사라지고 '만 나이 통일법'이 시행되었습니다. 한국식 나이 계산법은 태어났을 때부터 1살로 시작하고 새해 1월 1일이 되면 모두 한 살씩 더 먹는 것입니다. 만약 12월 31일에 태어났으면 다음 날에 두 살이 되는 것입니다. 그러나 한국식 나이가 국제 기준과 맞지 않다는 지적이 생기면서 2023년 6월부터 '만 나이'를 사용하게 되었습니다. '만 나이'는 태어났을 때 0살, 생일을 기준으로 1년이 지나면 한 살씩 나이를 더하는 법입니다. '만 나이'가 시작되면서 2023년 6월 이후 한국 사람들은 기존의 한국 나이에서 한 살 또는 두 살씩 어려지게 되었습니다.

활동
질문에 대답해 봅시다.

❓ 여러분 나라만의 나이 계산법이 있습니까? 있다면 소개해 보세요.

❓ 여러분 나라의 호칭을 소개해 보세요.

새로운 단어

귀하다	이상하다	낯설다	무사하다
친근하다	애칭	동안	초면
위계질서	위계	인식	

02

날씨와 계절

한국에서는 계절마다
무엇을 해요?

02 날씨와 계절
한국에서는 계절마다 무엇을 해요?

 대화

응우옌과 나영이 언어교환 프로그램에서 대화하고 있다.

김나영: 응우옌은 한국어를 정말 잘하는 것 같아. 베트남에서도 한국어를 공부했어?

응우옌: 응, 베트남에서 학원도 다니고 한국 드라마도 많이 봤어.
그런데 나영은 왜 베트남어를 공부해?

김나영: 베트남어를 배우면 졸업 후에 도움이 될 것 같아서.
그리고 나중에 여행 가도 좋을 것 같아.

응우옌: 그럼, 베트남에 아름다운 곳이 정말 많아.
나중에 나영이가 여행할 때 내가 소개해 줄게.

김나영: 좋아. 응우옌은 한국에 처음 왔을 때 힘든 점은 없었어?

응우옌: 처음에 겨울에 왔었는데 날씨가 너무 추워서 힘들었어.
그리고 환절기 날씨에 적응하는 게 힘들더라고.

김나영: 그랬구나. 한국은 사계절이라 겨울엔 춥고 여름엔 덥고
봄가을은 건조해. 그래서 건강 관리도 잘 해야 돼.

알아보기

한국의 계절

한국은 봄(3월~5월), 여름(6월~8월), 가을(9월~11월), 겨울(12월~2월) 사계절이 있습니다. 봄은 날씨가 온화하지만 '꽃샘추위'라 부르는 차가운 날씨가 나타나기도 합니다. 또 날씨가 건조해서 화재를 주의해야 합니다. 그리고 몽골 사막, 황토 지역 등에서 강풍으로 발생한 황사가 기류를 타고 한국에 오기도 합니다. 또 미세먼지가 발생하는 날도 있습니다. 한국의 초여름에는 장마가 있는데 보통 7월 중순까지 장마가 이어집니다. 장마철에는 날씨가 흐리거나 비가 자주 내립니다. 최근에는 짧은 시간에 많은 비가 내리는 폭우, 집중호우 현상도 나타나고 있는데 이럴 때는 안전에 주의해야 합니다. 그리고 여름에는 태풍이 발생할 수도 있습니다. 장마가 끝나면 7월 말부터 8월까지 한여름 무더위가 시작됩니다. 이때는 '폭염주의보', '폭염경보'가 내리기도 합니다. 최근에는 9월까지 더운 현상이 나타나는 늦더위도 있습니다. 가을은 하늘이 맑은 날씨가 계속됩니다. 기온이 점점 낮아지고 가을비가 내리기도 합니다. 겨울에는 기온이 떨어지고 강한 찬 바람이 불며 건조한 날씨가 이어집니다. 아주 강한 추위를 '한파', '혹한'이라고 합니다. 그러나 최근에는 지구온난화 때문에 여름과 겨울이 점점 길어지고 봄과 가을이 짧아지고 있습니다. 또 5월에 때 이른 더위가 나타나기도 하고 11월에 동장군이 찾아오기도 합니다.

봄		여름	
언제		언제	
특징		특징	
하는 일	꽃놀이	하는 일	피서나 휴가, 바닷가 가기
제철음식	봄나물, 화전 등	제철음식	삼계탕, 팥빙수, 냉면, 콩국수 등
가을		겨울	
언제		언제	
특징		특징	
하는 일	단풍놀이, 소풍, 독서	하는 일	스키, 스노보드, 눈썰매 타기, 눈사람 만들기
제철음식	전어, 햇곡식, 햇과일 등	제철음식	군밤, 군고구마, 붕어빵, 호빵 등

뉴스에서 자주 보는 날씨 용어

미세먼지	공장, 자동차 등에서 배출되는 먼지에서 발생	**태풍**	태평양 남서부에서 발생해서 최대 풍속이17m/s 이상, 강한 비바람을 동반하는 것
초미세먼지	지름이 2.5㎛ 이하인 먼지로 사람의 호흡기 질환에 안 좋은 영향을 준다.	**풍랑**	바람의 양
꽃샘추위	이른 봄에 꽃피는 날씨를 시샘하듯이 갑자기 추워지는 현상	**늦더위**	가을 시작(입추) 후에도 계속 더위가 이어지는 것
황사	모래나 흙먼지가 바람 때문에 하늘 높이 부는 것	**한파**	겨울철에 온도가 갑자기 내려가면서 시작되는 추위
폭염	낮 기온이 33도를 넘는 매우 더운 날씨	**수능한파**	대학교 시험(수학능력시험)이 있는 시기에 갑자기 추워지는 것
때 이른 폭염	한여름이 아닌 5월에 갑자기 30도 넘는 더위가 찾아온 것	**강추위 혹한**	강한 추위. 혹독할 정도로 몹시 추운 것, '극한'이라고도 함
장마	여름에 오랜 기간 지속적으로 비를 내리는 현상	**동장군**	추위를 용기 있고 무서운 장군의 모습에 비유해서 사용
폭우	갑자기 세차게 쏟아지는 비 (단시간에 많이 오는 것은 집중호우)	**대설**	많은 양의 눈이 한번에 내리는 것으로 '폭설'이라고도 한다.

홍수	집중호우로 하천이 범람해서 주변 지역에 피해를 주는 자연재해	00경보	태풍, 폭우, 대설 등의 자연재해가 예상될 때 기상청이 사람들에게 주의를 주기 위해 주의보-경보 순서로 발표한다.

신문으로 배우는 '날씨'

개나리 '일주일' 빨리 핀다... 이대로면 '2월 봄꽃'

△△일보

24절기 중 첫 번째 절기인 '입춘'을 하루 앞둔 오늘, 올해 봄꽃이 전년보다 일주일 정도 일찍 개화할 것이라는 예측이 나왔다. 기후 위기로 기온이 상승하면서 봄꽃 개화도 점점 빨라지고 있다.

기상업체에 따르면 올해 봄꽃 개화 시기는 평년(1991~2020년) 평균과 비교해서 3~6일 빠르게 필 예정이다. 서울 개나리 개화 시기는 3월 24일로 예상되고 봄꽃이 가장 빨리 찾아오는 제주도는 이것보다 더 빠르다. 예상 개화 시점은 전년과 비교해서 무려 13일이나 이르다. 실제 개나리, 진달래, 벚꽃 등 대표적인 봄꽃의 개화 시기는 점점 빨라지고 있다. 진달래는 4월 개화가 일반적이었지만 2010년대부터 3월에 개화하기 시작했다.

봄꽃 개화 시기가 짧아지는 것은 평균 기온이 오르기 때문이고 이것은 결국 탄소 배출 문제라는 것이 전문가들의 시각이다. 기상청은 탄소 배출이 현재와 같은 수준으로 유지될 경우 2060년, 한반도에 '2월 벚꽃'이 필 것이라 경고한 바 있다.

더 배우기 2

한국 속담으로 배우는 날씨와 기후

· **속담의 뜻은 무엇일까요? 의미를 추측해 봅시다.**
· **자신의 추측과 진짜 의미가 맞는지 확인해 봅시다.**

속담	의미
가랑비에 옷 젖는 줄 모른다.	가늘게 오는 비는 옷이 젖는 것을 못 느낄 정도이지만 나중에 흠뻑 젖을 수도 있다. 작은 것이라도 반복되면 큰 피해를 볼 수 있다. 아무리 사소한 것이라도 소홀히 생각해서는 안 된다.
겨울이 지나지 않고 봄이 오랴.	겨울이 가야 봄이 오는 것처럼 무슨 일이든지 순서가 있고, 세상일은 순서대로 해야 한다는 뜻이다.
겨울바람이 봄바람 보고 춥다 한다.	자신의 잘못은 생각하지 않고 다른 사람의 잘못만 나쁘게 보는 것을 뜻한다. 비슷한 속담은 '가랑잎이 솔잎더러 바스락거린다고 한다.'이다.
마른하늘에 날벼락	맑은 하늘에 갑자기 벼락이 친다는 뜻으로 생각하지 못한 불행한 일을 당한다는 뜻이다.
마파람에 게눈 감추듯	마파람은 남쪽에서 부는 바람으로 보통은 비를 몰고 온다. 이때 바닷물이 빠진 갯벌에 사는 게는 눈을 세워 먹이활동을 하다가 위험이 느껴지면 급히 눈을 감추고 숨는다. 음식을 매우 빨리 먹을 때 이 속담을 사용한다.
메뚜기도 오뉴월이 한철이다.	메뚜기는 6월이 되면 자신의 세상을 만난 것처럼 한창 뛰어다닌다. 모든 생물은 자신의 전성기가 있으나 그 기간은 매우 짧다.
비 온 뒤에 땅이 굳어진다.	비가 오고 나면 비에 젖었던 흙이 마르면서 단단하게 굳어진다. 이것처럼 사람도 어려움을 겪고 나면 더 강해진다는 뜻이다.

여러분 나라에는 무슨 계절이 있습니까? 그 계절에 무엇을 합니까?
여러분 나라의 계절과 날씨를 소개해 보세요.

여러분 나라도 날씨가 관련된 속담이 있어요? 날씨 속담을 소개해 보세요.

*날씨 참고: https://encykorea.aks.ac.kr/Article/E0003235

새로운 단어

이대로   전년   개화   시점

03

관용표현

이제 귀가 뚫렸어요

학습 목표

1. 한국의 관용표현을 알 수 있다.
2. 한국의 관용표현을 말할 수 있다.

03 관용표현
이제 귀가 뚫렸어요

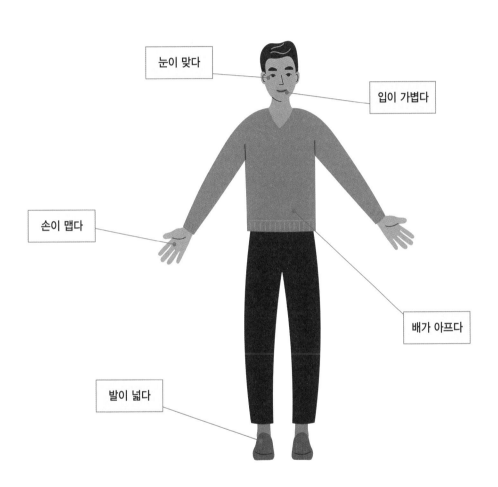

눈이 맞다

입이 가볍다

손이 맵다

배가 아프다

발이 넓다

응우옌과 나영은 학교 축제를 준비하며 함께 이야기한다.

응우옌 : 학교 축제에서 외국인 유학생이 참여하는 게 있다고?

김나영 : 응, 전통 옷이나 물건이 있으면 소개해도 좋고, 전통 음식을 만들어서
판매할 수도 있어.

응우옌 : 재미있겠다. 어학당 친구들도 같이 하는 거지?

김나영 : 맞아. 그리고 지수 언니가 발이 넓어서 다른 나라 친구들도 많이 데리고 올 거야.

응우옌 : 발이 넓어? 그렇게 안 보이던데...

김나영 : 응, 엄청 넓어. 그래서 음식은 얼마나 준비하면 좋을까?

응우옌 : 음...많으면 많을수록 좋으니까 100인분 정도 하면 될까?

김나영 : 100인분? 와. 응우옌은 손이 크네.

응우옌 : 내 손이 커? 그렇게 손이 큰 편은 아닌데...

김나영 : 아! '손이 크다'는 뭔가 많고 인심이 좋다는 뜻이야.

응우옌 : 그렇구나. 그럼 '발이 넓다'도 진짜 발을 말하는 게 아니야?

김나영 : 맞아. 지수 언니는 아는 사람이 정말 많아. 학교 선배, 후배, 교수님들도 잘 알아.

응우옌 : 그럴 때 발이 넓다고 하는구나. 몸에 관한 표현이 많으니까 재미있다.

신체 관용표현을 배워 봅시다.

1) 관용표현은 무슨 의미일까요? 의미를 추측해 봅시다.

2) 자신이 추측한 뜻이 맞는지 확인해 봅시다.

입	의미	예문
입을 모으다	(둘 이상의 사람이) 모두 한결같이 말한다.	우리는 입을 모아 문화체험으로 민속촌에 가자고 했다.
입이 가볍다	무슨 말이든 다 말하고 다닌다. 비밀을 잘 지키지 못하는 사람 (↔ 입이 무겁다)	민수는 입이 가벼워. 민수에게 비밀을 말하면 안 돼.
입이 귀에 걸리다	(기분이 좋아서) 입이 크게 벌어지다.	저의 1등 소식에 어머니의 입이 귀에 걸렸어요.
눈	**의미**	**예문**
눈이 맞다	두 사람의 마음이나 눈치가 서로 통한다.	영수와 진이는 수업도 다른데 어디에서 눈이 맞았을까?
눈이 높다	좋은 것만 찾는다. 보는 기준이 높다.	나는 눈이 높아서 아무 물건이나 사지 않아.
눈에 밟히다	잊히지 않고 자꾸 생각난다.	아이의 모습이 눈에 밟혀서 차마 발걸음을 옮길 수 없었다.
한눈을 팔다	해야 할 일에 집중하지 않고 정신을 딴 데로 돌린다.	운전을 할 때 한눈을 팔면 사고가 날 수 있어요.
손	**의미**	**예문**
손이 맵다	손으로 슬쩍 때려도 몹시 아프다.	작은 손이 어찌나 매운지 맞은 자리가 아직도 아프다.

손발이 맞다	함께 일을 하는 데에 마음이나 의견, 행동이 서로 맞다.	우리 반 친구들은 모두 <u>손발이 맞아서</u> 교실 분위기가 좋다.
손이 크다	돈, 물건, 마음 같은 것을 쓰는 정도나 태도가 크다.	어머니는 <u>손이 커서</u> 손님이 오면 언제나 음식을 가득 준비하신다.
손이 가다	1. 사람의 손이 닿다. 2. (사람의) 노력이 필요하다.	1. 위험한 물건이 아이의 <u>손에 가지</u> 않도록 해라. 2. 아이를 키우는 일은 <u>손이 많이 간다.</u>
귀	**의미**	**예문**
귀가 가렵다	남이 자신의 말을 한다고 느낀다.	이렇게 영수 이야기를 하면 지금 영수는 <u>귀가 가려울 거야.</u>
귀에 못이 박히다	(사람이) 같은 말을 너무나 여러 번 듣는다.	나도 어머니에게 공부하라는 말을 <u>귀에 못이 박히도록</u> 들었다.
귀가 뚫리다	말을 알아듣게 된다.	한국에 산 지 1년 만에 한국어가 모두 들리니 나도 드디어 <u>귀가 뚫렸다.</u>
코	**의미**	**예문**
코 앞에 닥치다	어떤 일이 가까이 다가오다.	시험이 <u>코앞에 닥쳐왔는데도</u> 공부는 안 하고 놀고만 있다.
콧대가 세다	자존심이 강해서 상대에게 굽히지 않다.	민수는 <u>콧대가 세서</u> 다른 사람 이야기를 들으려고 하지 않는다.
코에 붙이다	(음식이) 사람들이 먹기에 너무 적다.	사람이 열 명인데 떡 한 개로 누구 <u>코에 붙이겠니?</u>

배	의미	예문
배가 아프다	남이 잘 되어 심술이 나다.	사촌이 땅을 사면 <u>배가 아프다</u>.
배꼽을 잡다(쥐다)	웃음을 참지 못하고 배를 잡고 크게 웃다.	일요일 밤에 하는 코미디 프로그램은 정말 <u>배꼽을 잡게 한다</u>.
배부르고 등 따습다	배부르게 먹고 등이 따뜻하게 옷을 입는다는 뜻으로 잘사는 생활을 비유	너 정도면 <u>배부르고 등 따습지</u>. 더 어려운 사람들도 많아.

간	의미	예문
간이 크다	(사람이) 겁이 없고 매우 대담하다.	대호는 어렸을 때부터 <u>간이 커서</u> 모든 일을 두려워하지 않았다.
간 떨어지다	순간적으로 몹시 놀라다.	갑자기 "쾅" 하는 소리가 나서 <u>간이 떨어질</u> 뻔했다.
간에 기별도 안 가다	먹은 것이 너무 적어서 먹은 것 같지 않다.	이거 먹고 <u>간에 기별도 안 가겠다</u>.

마음	의미	예문
마음이 넓다	마음을 쓰는 것이 크고 너그럽다.	<u>넓은 마음</u>으로 상대방을 용서하기로 했다.
마음이 무겁다	걱정이 많다.	가족을 두고 혼자 떠나니 <u>마음이 무겁다</u>.
마음을 졸이다	매우 걱정되고 긴장된다.	시합 결과가 나올 때까지 <u>마음을 졸이고</u> 있었다.

그 외	의미	예문
팔이 안으로 굽다	혈연관계에 있거나 친분이 두터운 쪽으로 마음이 가다.	팔이 안으로 굽는다고 영수는 회사에서도 자신의 학교 선배만 따른다.
한숨 돌리다	어려운 시기를 넘기고 여유를 갖다.	영수는 모든 시험이 끝나고 집에 오면서 한숨을 돌렸다.
목에 힘을 주다	거만하게 굴고 남을 깔보는 태도를 가지다.	최 씨는 요즘 사업이 잘 된다고 목에 힘을 주고 다닌다.
허파에 바람이 들다	1. (사람이) 실없이 행동하거나 지나치게 웃다. 2. (사람이) 마음이 들뜨다.	1. 뭐가 그렇게 웃기니? 허파에 바람 들었니? 2. 학교 축제가 다가오니 학생들이 허파에 바람이 들었다.

신문으로 배우는 '관용표현'

제주공항 폭설로 결항...1만여 명 발 묶여

△△일보

제주국제공항에 23일 폭설이 몰아치며 400편이 넘는 항공편이 결항해 2만여 명이 발이 묶였다. 현재 제주공항에는 대설경보가 발효 중이다. 항공업계는 제주에서 출발하는 예약 승객 기준으로 약 2만 명의 발이 묶인 것으로 추정했다. 제주국제공항은 "내일(24일) 오전까지 제주공항을 오가는 항공편 운항에 어려움이 예상된다"며 "사전에 운항 정보를 확인해 달라"고 부탁했다.

옷 구경하는 척 '슬쩍'...간 큰 백화점 절도범

△△일보

한 옷 가게에서 옷을 구경하던 여성이 옷을 고르는 척하더니 가방 안으로 들고 있던 옷을 넣었다. 이 여성은 계산하지 않고 자리를 떠났다. 지난 22일, 경기도 한 백화점 의류매장에서 발생한 일이다. 제보자이자 매장 관계자는 CCTV를 통해 피해 사실을 확인하고 바로 경찰에 신고했다. 이 여성이 훔쳐 간 옷은 3만 5,000원 정도이다. 매장 관계자는 "백화점 내에도 옷 도둑이 많다는 것을 알리고 싶어 제보한다"고 전했다.

대화 2

나영, 지수, 경수가 축제 준비를 하며 대화하고 있다.

나영: 지수 언니~ 축제 준비는 잘 되고 있어요?

지수: 내가 총책임자라서 어깨가 많이 무겁네.

경수: 지수야~ 너무 부담 가지지 마. 네가 잘하고 있다고 모두 입에 침이 마르게 칭찬하고 있어.

지수: 그래? 칭찬을 받으니 더 어깨가 무거워지네.

나영: 우리가 준비를 잘하면 우리 행사장에 발 디딜 틈 없이 사람이 많이 올 거예요.

경수: 그래, 잘 끝낸 후에 우리 모두 발 뻗고 편안하게 자보자.

관용표현의 의미를 알아봅시다.

관용표현	의미
어깨가 무겁다	무거운 책임을 지고 있어서 마음에 부담이 있다.
입에 침이 마르다	다른 물건, 사람에 대해 반복해서 말한다.
발 디딜 틈 없다	사람이 매우 많이 모여 있다.
발 뻗고 자다	마음 놓고 편하게 자다.

활동

• 배운 관용표현으로 대화를 만들어 보세요.

가 :

나 :

가 :

나 :

• 여러분 나라에도 신체에 관한 관용표현이 있습니까? 소개해 보세요.

• 여러분 나라에도 재미있는 관용표현이 있습니까? 소개해 보세요.

새로운 단어

몰아치다   결항   발효   운항

04

사자성어

한국어 공부는
'작심삼일' 하면 안 돼요

1. 고사성어의 뜻을 이해할 수 있다.

2. 사자성어의 의미를 알 수 있다.

04 사자성어

한국어 공부는 '작심삼일' 하면 안 돼요

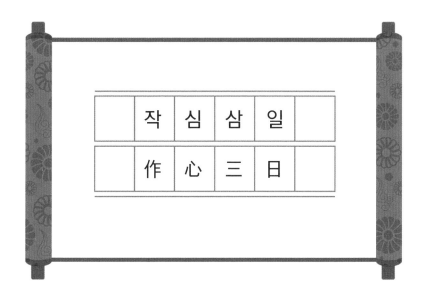

작	심	삼	일
作	心	三	日

사자성어(四字成語)	한자 네 자로 이루어진 것으로 교훈, 유래를 담고 있다.
고사성어(故事成語)	옛이야기에서 유래한 한자로 이루어진 말이다.
한자성어(漢字成語)	관용적인 뜻으로 쓰이는 한자로 된 말, 유래나 교훈이 있다.

나영과 지민이 대화하고 있다.

나영 : 헉! 과제 떴다. 으악! 이번 주에만 과제 4개가 떴어.
　　　내일 수업에서도 과제가 있을 텐데...설상가상이구나.

지민 : 나도 이미 3개 받았어. 팀 과제도 있어서 괴롭다.

나영 : 내 과제를 도와줄 사람은 어디 없을까?

지민 : 자신의 과제는 스스로 해야지.

나영 : 아무도 날 안 도와주고 사면초가구나.

지민 : 그런데 교수님들은 학생들의 마음을 잘 모르는 것 같아.
　　　과제가 너무 많은 것도 과유불급! 학생들의 마음으로 역지사지해 주세요!

나영 : 그래도 너는 지난 학기 끝날 때 공부를 많이 했다고 좋아했잖아.

지민 : 그때는 그때고 지금은 지금이야. 과제는 너무 힘들어.

나영 : 인생은 새옹지마라고 그랬어. 좋다가도 안 좋고, 안 좋다가도 좋고.

지민 : 그럼 너도 이번 과제들이 널 더 성장시킬 거니까 좋다고 생각해.

나영 : 아니, 그건 아니야. 나도 과제는 싫어. 너무 많아.

사자성어의 의미를 알아봅시다.

사자성어	의미
과유불급(過猶不及)	정도를 지나침은 미치지 못함과 같다는 뜻
사면초가(四面楚歌)	아무에게도 도움을 받지 못하는, 외롭고 곤란한 형편을 이르는 말
새옹지마(塞翁之馬)	인생의 좋고 나쁨은 변화가 많아서 예측하기가 어렵다는 말
설상가상(雪上加霜)	눈 위에 서리가 덮인다는 뜻, 불행한 일이 연속으로 일어나는 것
역지사지(易地思之)	입장을 바꾸어서 생각하여 봄

알아보기 1

'새옹지마' 유래

옛날 중국의 북쪽 변방(邊方)에 한 노인이 살고 있었는데, 어느 날 이 노인이 기르던 말이 달아나 버렸습니다. 마을 사람들이 이를 위로하자 노인은 "오히려 복이 될지 누가 알겠소."라고 말했습니다. 몇 달이 지난 어느 날 그 말이 다른 말 한 마리를 데리고 돌아왔습니다. 마을 사람들이 이를 축하하자 노인은 "이것이 화가 될지 누가 알겠소."라고 했습니다. 그런데 어느 날 노인의 아들이 그 말을 타다가 떨어져 다리가 부러졌습니다. 마을 사람들이 이를 걱정하자 노인은 "이것이 또 복이 될지 누가 알겠소."라고 했습니다. 그로부터 1년이 지난 어느 날 마을 젊은이들은 싸움터로 불려 나갔으나 노인의 아들은 다리를 다쳤기 때문에 전쟁에 나가지 않아 목숨을 지킬 수 있었습니다. 그래서 새옹지마(塞翁之馬)는 인생은 변화가 많아서 예측하기 어렵다는 뜻으로 사용합니다.

고사성어를 배워 봅시다.

1) 고사성어는 무슨 의미일까요? 의미를 추측해 봅시다.
2) 자신이 추측한 뜻이 맞는지 확인해 봅시다.

고사성어	의미	예문
동병상련 (同病相憐)	같은 병을 앓는 사람끼리 서로 불쌍하게 생각한다.	가: 요즘 고향 음식이 먹고 싶어. 나: 나도 그래. 우리는 고향을 떠나서 산다는 **동병상련**의 아픔이 있네. 가: 그럼 우리 고향 음식을 먹으러 갈까? 고향 음식을 먹으면 힘이 날 거야.
유비무환 (有備無患)	미리 준비가 되어 있으면 걱정할 것이 없다.	가: 이번 토픽 시험에 6급으로 합격했다면서? 나: **유비무환**의 마음으로 1년 동안 열심히 준비했지. 가: 우와! 대단하다! 정말 축하해!
일거양득 (一擧兩得)	한 가지 일을 하여 두 가지 이익을 얻는다. (=일석이조(一石二鳥))	가: 1년간 교환학생을 간다면서? 나: 외국에서 생활하면서 언어도 배우고 그 나라 문화도 배우고 **일거양득**인 것 같아.
죽마고우 (竹馬故友)	대나무로 만든 말을 타고 놀던 친구라는 뜻으로, 어릴 때부터 같이 놀며 자란 친구를 말한다.	가: 오늘 친구 잘 만나고 왔어요? 나: 네, 어렸을 때 쭉 함께 자란 **죽마고우**를 만나고 왔어요. 지금은 멀리 살아서 자주 보지 못하지만 가끔 만나도 항상 좋네요.
천고마비 (天高馬肥)	하늘이 높고 말이 살찐다는 뜻으로, 하늘이 맑고 파랗게 보이고 온갖 곡식이 익는 가을을 뜻하는 말이다.	가: 요즘 날씨가 정말 좋죠? 나: 역시 **천고마비**의 계절이네요. 이 계절에 맛있는 것도 많이 먹고 좋은 경치도 많이 구경합시다.

한자성어를 배워 봅시다.

1) 한자성어는 무슨 의미일까요? 의미를 추측해 봅시다.

2) 자신이 추측한 뜻이 맞는지 확인해 봅시다.

한자성어	의미	예문
산해진미 (山海珍味)	산과 바다에서 나는 것으로 준비한 맛이 좋은 음식.	가: 와! 한식당에는 <u>산해진미</u>가 가득하네요. 나: 그렇지요? 한 상 가득 차려져 있으니 정말 푸짐하네요.
심사숙고 (深思熟考)	깊이 잘 생각한다.	가: 취직을 할지 대학원에 갈지 고민하고 있어요. 나: 중요한 문제니까 <u>심사숙고</u>해서 결정해야 돼요.
자업자득 (自業自得)	자기가 저지른 일의 결과를 자기가 받는다. (=자업자박(自業自縛))	가: 공부 안 하고 놀았더니 성적이 엉망이야. 나: 놀다가 성적을 잘 못 받은 것은 다 <u>자업자득</u>이지. 다음 시험에는 미리 준비해.
동문서답 (東問西答)	물음과는 전혀 상관없는 엉뚱한 대답을 한다.	가: 우리 비빔밥 먹을까? 갈비찜 먹을까? 나: 난 공포 영화는 싫은데. 가: 무슨 <u>동문서답</u>이야. 지금 메뉴 고르고 있어.
작심삼일 (作心三日)	단단히 먹은 마음이 사흘을 가지 못한다는 뜻, 결심이 굳지 못하는 것을 뜻하는 말	가: 요즘 운동 잘하고 있어? 달리기 한다고 했지? 나: 그게…하루하고 안 했어. 가: <u>작심삼일</u>이구나. 다시 시작해 봐. 달리기는 좋은 운동이야.

막상막하 (莫上莫下)	더 잘하고 더 못하고의 차이가 거의 없다.	가: 와! 지금 두 선수 너무 다 잘하는데. 누굴 응원해야 하지? 나: **막상막하**야! 누가 이길지 예상도 안 돼! 내가 다 긴장되는구나.

신문 제목으로 배우는 사자성어

신문 제목
▲▲ 그룹, 경영 최대 위기를 <u>전화위복</u>의 기회로
선수들 부상에 악재까지 <u>설상가상</u>, ★팀 우승할 수 있을까?
<u>이심전심</u> 단짝을 만나고 싶다면? 밝은 옷이 좋아
경제 위기에도 <u>승승장구</u>한 주식은?
<u>칠전팔기</u> 정신으로 도전한 보라 선수
한우 싸게 판다더니 <u>함흥차사</u>, 사기 전화에 분통
△△ 시장, "주민과 <u>희로애락</u> 하겠다!"

사자성어의 의미를 알아봅시다.

사자성어	뜻
전화위복(轉禍爲福)	재앙, 화가 오히려 복이 되다.
설상가상(雪上加霜)	눈 위에 서리가 내린다. 어려운 일, 불행한 일이 잇따라 일어난다.
이심전심(以心傳心)	마음에서 마음으로 전하다.

승승장구(乘勝長驅)	싸움에서 이기는 상황에서 계속 몰아친다.
칠전팔기(七顚八起)	일곱 번 넘어지고 여덟 번 일어난다. 여러 번 실패해도 포기하지 않고 꾸준히 노력한다.
함흥차사(咸興差使)	심부름을 하러 가서 돌아오지 않거나 늦게 오는 사람
희로애락(喜怒哀樂)	기쁨, 노여움, 슬픔, 즐거움

 알아보기 2

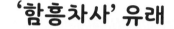 **'함흥차사' 유래**

함흥은 한반도 북쪽에 있습니다. 조선을 세운 태조 이성계는 함흥에서 태어나고 자랐습니다. 이성계는 고려를 멸망시키고 조선을 세워 임금이 됩니다. 이때 수도는 현재의 서울, 한양입니다. 나이가 들어 이성계는 임금의 자리를 아들에게 넘겨주고 함흥으로 돌아가 살았습니다. 한양에서 함흥으로 간 이유는 자식들이 왕의 자리를 탐내며 서로를 죽이고 난리를 일으켰기 때문입니다. 다섯 번째 아들 이방원이 왕위에 오른 후 아버지에게 용서를 빌면서 다시 궁궐로 모셔 오려고 신하를 함흥으로 보냈습니다. 이 일을 맡은 신하에게 '차사'라는 직책을 주고 파견을 보냈습니다. 그러나 태조 이성계는 차사가 오면 모두 활을 쏘아 죽여 버렸습니다. 이때부터 함흥으로 보낸 차사가 돌아오지 않는다고 하여 한 번 가면 돌아오지 않은 사람을 '함흥차사'라고 했습니다.

· 배운 사자성어로 대화를 만들어 보세요.

가 :

나 :

가 :

나 :

여러분 나라에도 사자성어와 같이 유래가 있는 말이 있다면
소개해 보세요.

05

말의 유래
어처구니가 없네요

05 말의 유래
어처구니가 없네요

지민과 나영, 흐엉이 만났다.

지민: 어? 그게 어디 갔지?

나영: 뭐 찾아? 아까부터 가방 안을 뒤지더니

지민: 내 이어폰. 지하철에서 이어폰으로 음악 들으면서 왔는데...
지금 보니 없어. 기가 막히네.

흐엉: 귀? 이어폰을 많이 사용해서 귀가 막힌 거야?

나영: 귀 아니고 기! 좀 놀라거나 황당한 일 있을 때 '기가 막히다'라고 해.

흐엉: 그렇구나. 오늘도 새로운 한국어 표현 하나 배웠네!

지민: 앗! 찾았다! 주머니 안에 있었어! 휴~ 다행이다.

나영: 좀 잘 챙기고 다녀! 그럼 우리는 카페로 갈까?
여기 근처에 기가 막히는 커피와 케이크를 파는 가게가 있거든.

흐엉: 오! 맛이 기가 막힌다면 놀랍게 맛있다는 말이네. 맛있겠다! 얼른 가 보자.

'기가 막히다'

기(氣)는 활동하는 힘, 우리 몸의 에너지를 말합니다. 우리 몸의 기, 즉 힘이 막히면 우리는 잘 움직일 수 없을 것입니다. 그래서 '기가 막히다'라는 말은 놀랍거나 두려울 때, 정도가 심할 때 사용합니다. '기'가 들어간 다른 말로는 '기를 쓰다', '기를 펴다', '기가 죽었다/살았다', '기가 차다'도 있습니다.

기를 쓰다	있는 힘을 다한다.
기를 펴다	어려운 상황에서 벗어나 마음이 자유로울 때
기가 죽었다	힘을 펼칠 수 없을 때
기가 차다	어이가 없어서 말이 나오지 않는다.

영화 + 드라마로 보는 말

영화 대사

황당하잖아? 아무것도 아닌 손잡이 때문에 해야 할 일을 못 하니까.
지금 내 기분이 그래, <u>어이가 없네?</u>

어이가 없다 = 어처구니가 없다: 일이 너무 뜻밖이라서 황당하다, 기가 막히다

맷돌은 콩을 갈 때 사용하는 도구입니다. 맷돌 손잡이를 '어처구니', '어이'라고 불렀습니다. 맷돌을 사용해야 되는데 손잡이가 없으면 황당할 것입니다. '어처구니'는 조선시대 궁궐 건물에 올렸던 인형을 뜻합니다. 주로 사람이나 동물 모양으로 되어 있습니다. '어처구니'는 기와가 흘러내리지 않도록 고정하면서 궁궐을 지키는 의미를 담고 있는 장식입니다. 궁궐에 '어처구니'를 올리는 일을 하는 사람을 '잡상장'이라고 했는데 이들이 공사를 마치고 나서 마무리할 때 '어처구니'를 잊고 올리지 않았을 때 실수를 했다고 해서 '어처구니 없다' 또는 '어이없다'라는 표현을 하게 되었습니다.

드라마 대사

• 잘 나가다가 <u>삼천포로 빠진다</u>.
• 사천시 삼천포시 둘 중에 정하지 말고 사천 삼천포 더해가 칠천포 어떻습니까?

삼천포로 빠지다: 이야기 주제가 다른 주제로 가거나 어떤 일을 하다가 엉뚱하게 된다는 뜻

지금은 경남 사천시와 통합되었지만 이전에는 '삼천포'라는 도시가 있었습니다. '삼천포로 빠지다'는 여러 유래가 있지만 가장 대표적인 유래는 이것입니다. 남부 지방을 운행하는 열차 노선 중에 경남 삼량진에서 진주, 순천을 지나 광주로 연결되는 경전선이 있었습니다. 경전선의 개양역에서 삼천포까지 갈 때 객차를 분리해서 일부만 삼천포로 갔습니다. 이때 깜빡 잠이 들거나 한눈을 팔면 목적지로 가지 못하고 삼천포로 가게 되는 것입니다. 여기서 다른 곳으로 갔다고 해서 '삼천포로 빠지다'라는 말이 나온 것으로 보고 있습니다.

드라마 대사

걔는 일은 잘하는데 <u>싸가지가 없어도</u> 너무 없다.

싸가지가 없다: 버릇이 없다, 윗사람에 대한 예의가 없다

'싸가지'는 '싹수', 즉 어떤 일이나 사람이 앞으로 잘될 것 같은 느낌이라는 뜻으로 강원, 전남의 방언입니다. 그러나 현재는 그 의미가 변해서 예의와 버릇이 없는 사람을 가리킬 때 사용합니다.

말의 유래를 배워 봅시다.

1) 무슨 의미일까요?

❶ 시치미를 떼다

❷ 뜬금없다

❸ 진이 빠지다

2) 의미를 알아봅시다. 어디에서 유래했을까요?

시치미를 떼다: 자신이 하고도 안 한 것처럼 하거나 알고 있지만 모르는 척하는 것

매사냥은 매를 길들여서 꿩이나 다른 새를 잡는 것입니다. 고려 시대에는 누구나 매사냥을 즐길 정도로 인기가 많았습니다. 그러다 보니 매가 서로 바뀌거나 남이 훔쳐가는 일도 생겼습니다. 그래서 그것을 막기 위해 매의 꽁지깃에 주인을 알리는 표지를 달았는데 이것이 '시치미'입니다. '시치미'는 매의 주인을 찾아주기 위한 것인데 매를 발견한 사람이 '시치미'를 떼서 버리고 자신의 것이라고 주장하는 경우가 있었습니다. 여기서 자신이 하고도 모르는 척하는 것을 '시치미를 뗀다'라고 했습니다.

뜬금없다: 갑자기 엉뚱한 소리를 할 때

옛날에는 쌀의 가격이 일정하지 않고 시세에 따라 그날그날 다른 값으로 매겨졌습니다. 이때 거래의 기준이 되는 가격을 뜬금이라고 했습니다. 즉, 뜬금은 정해지지 않고 달라지는 값이라는 뜻입니다. 그래서 예고 없이 갑자기 일어나는 일을 뜬금없다고 하게 되었습니다.

진이 빠지다: 실망하거나 싫증이 나다, 힘을 다 써서 기운이 없다, 의욕을 상실하다

식물 줄기나 나무껍질 등에서 나오는 끈끈한 것을 '진'이라고 합니다. 옛날부터 사람들은 나무의 '진'을 일상생활에 많이 사용하였습니다. 소나무의 '진'은 피부병을 고치는 약으로 쓰고 옻나무의 '진'은 가구에 칠하였고 고무나무의 '진'은 고무로 만들었습니다. 그런데 '진'을 계속 뽑으면 나무는 기운이 없어지고 심하면 죽게 됩니다. 사람도 나무처럼 기력을 다하면 힘이 없어집니다. 그래서 죽을 정도로

기력이나 힘이 없는 것, 싫증이 나는 것, 실망하는 것을 '진이 빠지다'라고 합니다. 이것과 비슷한 뜻으로 '녹초가 되다', '파김치가 되다'가 있습니다.

- 녹초가 되다: 녹은 초처럼 되다. 즉, 힘이 없어 늘어진 상태를 말한다.
- 파김치가 되다: 파는 원래 빳빳하게 살아 있는 것이 특징인데 양념을 해서 김치로 담그면 늘어진 것 같은 모습이 된다. 즉, '파김치가 되다'라는 표현은 몹시 지쳐서 기운이 없는 모습을 말한다.

신문으로 보는 '말의 유래'

무슨 의미일까요?

신문 제목
00시, 친환경 관광 명소로 **각광**
취업하자마자 빚 **굴레**....청년 경제 어려움 늘어
만나면 **쌍심지 켠** 두 배우, 영화 결말은?
부를 얻어도 건강을 잃으면 **말짱 도루묵**
프로축구 00팀, 3-1 완승에 **쐐기**

의미를 알아봅시다. 어디에서 유래했을까요?

각광을 받다 (=주목 받다)

보통 연극이나 가수 공연을 하는 무대 앞에는 조명이 있는데 아래에서 비추는 빛을 '각광'이라고 합니다. '각광'은 공연 중 배우가 중요한 대사를 할 때나 관객을 집중시킬 때 사용합니다.

굴레를 쓰다 (=일이나 구속에 매여서 벗어나지 못하게 되다)

말이나 소를 부릴 때 고삐를 사용했는데 이 고삐를 연결하는 것을 '굴레'라고 합니다. 굴레는 말이나 소의 머리와 목에 얽매인 줄입니다. 이것에 비유해서 어떤 일이나 구속에서 벗어나지 못하는 것을 '굴레를 썼다'라고 합니다.

쌍심지를 켜다 (=화를 내다)

예전에는 작은 그릇처럼 생긴 등잔으로 불을 밝혔는데 여기에 기름을 담고 심지를 담가 불을 붙였습니다. 심지는 불을 붙이는 실입니다. '쌍심지'는 등잔 하나에 심지가 두 개 있는 것입니다. 이 말은 아주 화가 났을 때 사용하는데 매우 화가 나면 '눈에 불이 난다'고 하는 것을 '쌍심지'를 켠 것처럼 비유한 것입니다.

말짱 도루묵 (= 아무 소득/이득이 없는 것)

조선시대 선조 임금 때 임진왜란이 일어나서 왕이 피난을 갔습니다. 그때 '묵'이라는 생선을 먹어 보고 맛이 좋아서 '은어'라는 이름을 지어 줬습니다. 그런데 전쟁이 끝나고 궁에 돌아와 다시 그 생선을 먹었는데 맛이 없어서 "도로(다시) 묵이라고 해라"라고 했다고 합니다. 여기서 '도로 묵'이 '도루묵'이 되고 앞에 부정적인 의미인 '말짱'이 붙어서 '말짱 도루묵'이 되었다고 합니다.

쐐기를 박다 (=단단히 하다/다짐을 두다)

나무로 짠 물건을 연결하면서 고정하기 위해 박는 것을 '쐐기'라고 합니다. 쐐기를 박으면 서로 빠지거나 움직이지 않습니다. 그래서 어떤 일에서 분명히 하는 것을 '쐐기를 박는다'고 합니다.

· 말의 유래에서 배운 것으로 대화를 만들어 보세요.

가 :

나 :

가 :

나 :

· 여러분 나라의 유래가 있는 말을 찾아서 소개해 보세요.

06

관혼상제
갓을 쓰고 비녀를 꽂고
어른이 되었어요

학습 목표

1. 한국의 관혼상제를 알 수 있다.
2. 한국의 관혼상제를 이해할 수 있다.

06 관혼상제
갓을 쓰고 비녀를 꽂고 어른이 되었어요

대화 1

마리와 지수가 대화한다.

마리: 학교에서 성년의 날 행사를 한다는 포스터를 봤어. 성년의 날이 언제야?

지수: 한국의 성년의 날은 5월 셋째 주 월요일이야.

마리: 한국에서는 성년의 날에 무엇을 해?

지수: 부모님이나 친척, 친구들이 성인이 된 것을 축하하면서 선물을 줘.
그리고 우리 학교에서는 전통 방식으로 성년의 날 행사를 해.

마리: 전통 방식으로? 그럼 한복을 입어?

지수: 맞아. 전통 한복을 입고 남학생들은 갓을 쓰고 여학생들은 비녀를 꽂아.

마리: 우와. 정말 특별할 것 같아. 나도 참가하고 싶어.

지수: 그런데 마리 너는 이미 성년이 되지 않았어?

마리: 그러네. 성년이 된 지 좀 많이 지났네. 그럼 행사 구경하러 가야겠다.

지수: 그래. 구경하는 것도 의미가 있을 거야. 같이 가 보자.

관혼상제

사람이 살면서 겪는 중요한 네 가지 예식을 관혼상제라고 합니다. 관혼상제에는 관례, 혼례, 상례, 제례가 있습니다. 관례는 정해진 나이가 되면 어른이 된다는 의미로 하는 의식인데 오늘날 성년의 날과 같습니다. 혼례는 요즘의 결혼식과 같은 것으로 남녀가 부부가 되기로 약속하는 것입니다. 상례는 사람이 죽었을 때 치르는 예식으로 장례식과 같고 제례는 돌아가신 조상을 위해 치르는 것으로 제사라고도 합니다. 조선시대에는 유교의 영향으로 나라 행사뿐만 아니라 집안일도 유교의 예에 따라 따랐습니다. 특히 관혼상제를 가장 중요한 일이라고 생각해서 백성들도 그 예를 따르게 했습니다.

관례 '성년의 날'을 알아봅시다.

성년의 날은 만 19세가 된 젊은이에게 성인이 되었음을 알리는 날입니다. 성년에 달하지 못하는 것은 미성년이라고 합니다. 한국의 '성년의 날', 즉 성년례(成年禮)는 고려 광종이 세자에게 원복을 입히면서 시작되었다고 알려져 있습니다. 현대에 와서는 1975년 '청소년의 달'인 5월에 맞추어 5월 6일로 지정했다가 1984년에 현재와 같은 5월 셋째 주 월요일로 지정했습니다.

성년의 날이 되면 성균관이나 각 지역의 향교 등에서 전통 방식의 성년례를 볼 수 있습니다. 전통적으로는 남자와 여자 모두 머리를 기르고 땋아 다녔는데 성년이 되면 남자는 관례로 머리를 올려 상투를 틀고 갓을 쓰고 여자는 계례로 쪽을 지고 비녀를 꽂습니다. 그리고 어른 앞에서 술을 마시는 법을 배우는 초례를 하면서 성년이 되는 것을 알립니다. 그러면 주변 어른들은 성년이 되는 것을 축하하고 성년을 존중해 줍니다.

② 여러분 나라는 몇 살부터 성년으로 봅니까? 성년이 되면 무엇을
할 수 있습니까?

② 여러분 나라의 성년의 날은 어떻게 합니까?

마리와 나영이 함께 드라마를 보면서 대화하고 있다.

마리: 나영~ 드라마 주인공 두 사람이 드디어 결혼했어!

나영: 이제야 시집가고, 장가가는구나.

마리: 어! 그런데 시집은 여자, 장가는 남자 아니야? 그럼 둘 다 가면, 어디로 가는 거야?

나영: 예전에는 서로의 집으로 가서 가족이 되었기 때문에 그렇게 말했대.
여자가 남자 집으로 갈 때는 시집가다, 남자가 여자 집으로 갈 때는 장가가다라고 해.

마리: 그렇구나. 그리고 또 궁금한 게 있는데 한국 결혼식은 파티가 없어?
우리나라에서는 결혼 전에도 파티를 하고 결혼식 후에도 파티를 하거든.

나영: 한국은 보통 결혼식만 해. 그리고 결혼식도 외국에 비해서는 빨리 끝나는 편이야.

마리: 그렇구나. 다음에 기회가 되면 한국의 결혼식도 가 보고 싶어.

혼례 '시집가다'와 '장가가다'를 알아봅시다.

'장가가다'는 남자가 결혼해서 남편이 된다는 뜻입니다. 고구려 시대에는 장인의 집인 장가(丈家)에 사위로 들어갔다가 첫아이를 낳은 후에 신부를 자신의 집으로 데리고 갔던 결혼 풍습이 있습니다. 지금은 이런 풍습이 없어졌지만 그 흔적이 남아 있어서 결혼식 후에 신랑이 신부 집에서 며칠 머무는 것을 볼 수 있습니다. '시집가다'는 여자가 결혼을 한다는 뜻인데 시집은 결혼한 남자의 집을 말합니다. 결혼을 하면 여자가 남자 집에 들어가서 산다고 해서 이렇게 표현하게 되었습니다.

변화된 결혼 풍습

△△일보

최근의 결혼식은 달라지고 있다. 결혼식 전에 청첩장은 모바일로 보내고 축의금도 은행 계좌로 받는다. 양가 부모님뿐만이 아니라 신랑과 신부가 입구에서 함께 하객을 맞이하고 결혼식이 시작되면 신랑과 신부가 같이 입장을 하기도 한다. 주례 없이 신랑신부가 서약서를 읽거나 선언문을 낭독하여 결혼을 약속하기도 한다. 폐백을 하지 않고 바로 신혼여행을 떠나거나 근처 호텔에서 휴식을 취하는 부부도 있다. 또 손님을 많이 초대해서 크고 화려한 결혼식을 하기보다는 가까운 친척, 친구만 초대해서 함께 식사를 하고 즐기는 '스몰 웨딩'도 뜨고 있다. 이렇게 결혼식 문화가 달라진 것은 최근 젊은 층은 결혼에 대한 생각이 달라졌고 결혼식 비용도 부담스러워 하기 때문으로 볼 수 있다.

재미로 보는
축의금은 얼마가 좋을까?

최근 한 결혼정보 회사에서 '축의금'에 대한 생각을 미혼남녀 500명을 대상으로 설문 조사하여 발표하였다. 참석할 때 축의금은 평균 8만 원인데 성별로 보면 남성은 9만 원, 여성은 7만 원이었다. 연령대별로는 20대는 8.8만 원, 30대는 8.4만 원이었다. 참석하지 않을 때 평균 축의금은 6만 원이었다. 남성은 6.4만 원, 여성은 5.6만 원이었다. 축의금을 결정하는 가장 중요한 요인은 '알고 지낸 시간과 친한 정도'였다. 이어서 '다음에 내 결혼식에 참석할 사람인지'와 '결혼식 장소와 식사 비용' 등이었다. 한국의 축의금은 보통 3, 5, 10만 원 단위로 낸다.

🔍 여러분 나라의 결혼식은 어떻게 진행됩니까?

🔍 여러분 나라의 결혼 문화는 어떻습니까?

상례 '한국의 장례식'을 알아봅시다.

과거에는 집 마당에서 혼례를 하고 집에서 장례를 치렀습니다. 1960년대 이후 산업화가 시작되며 도시에 사람이 몰리고 그 후 도시는 아파트와 같은 공동 주택이 생기면서 과거와 같은 전통 의례를 집에서 하기 어려워졌습니다. 그러면서 결혼식과 장례식장이 생기게 되었습니다. 오늘날 장례식은 보통 삼일장입니다. 즉, 장례 절차를 3일 동안 진행한다는 뜻입니다. 첫째 날에는 보통 장례식을 할 장소를 찾고 주변 사람들에게 돌아가셨다는 사실을 알리는 부고를 보냅니다. 손님, 즉 문상객이 찾아오면 인사를 합니다. 문상객에게는 음식을 넉넉하게 대접합니다. 최근에는 음식을 직접 준비하지 않고 장례 전문 회사에서 음식을 하는 경우가 많습니다.

새로운 단어

양가	하객	주례	서약서
선인문	낭독하다	폐백	

이때 국은 보통 빨간 국물의 육개장입니다. 육개장을 대접하는 이유로는 여러 가지가 있습니다. 첫 번째는 붉은색이 잡귀를 쫓아준다는 의미가 있으므로 장례식장에 온 손님들에게 나쁜 일이 일어나는 것을 막기 위해서입니다. 두 번째는 장례식장에 온 손님들에게 감사의 뜻을 전하고 손님들의 건강을 위해 귀한 소고기가 들어 있는 음식을 드리는 것입니다. 세 번째는 3일 동안 치러지는 장례식장에는 많은 양의 음식이 필요한데 이때 육개장이 조리하기도 편하고 쉽게 상하지 않아서 준비하는 것입니다. 하지만 최근에는 된장국, 소고깃국 등 장례 회사나 지역에 따라서 다양한 국이 나오기도 합니다. 손님들은 가족들에게 조의금을 전달하고 위로의 말을 합니다. 또 장례식장에서 음식을 먹으며 시간을 보냅니다. 장례 방법은 종교에 따라 다를 수 있습니다. 손님들을 대접한 후 마지막 날에는 가족끼리 발인, 즉 고인을 모실 곳을 찾아서 이동합니다. 그리고 모든 장례식이 끝난 후에는 찾아오신 분들에게 감사의 인사를 드립니다.

활동
질문에 대답해 봅시다.

? 여러분 나라의 장례식은 어떻게 진행됩니까?

? 여러분 나라의 장례 문화는 어떻습니까?

새로운 단어

의례	부고	문상객	잡귀
쫓다	조의금	발인	고인

07

미신과 금기

빨간색으로 이름을 쓰면
안 돼요

1. 한국의 미신에 대해 알 수 있다.
2. 한국의 금기에 대해 알 수 있다.

07 미신과 금기
빨간색으로 이름을 쓰면 안 돼요

대화 1

후안과 나영이 축제 준비를 하고 있다.

나영: 후안! 이름을 빨간색으로 쓰면 안 돼. 검은 펜 없어?

후안: 검은 펜이 없는데...그런데 이름은 왜 빨간색으로 쓰면 안 돼?
혹시 선생님만 쓸 수 있는 거야?

나영: 아니 그건 아니고, 이름을 빨간색으로 쓰면 아마...죽을 거야.

후안: 죽어? 헉! 무서워. 그런데 그거 미신 아니야?

나영: 맞아. 미신이야. 어렸을 때부터 계속 그렇게 들었어.

후안: 그럼 한국에는 또 무슨 미신이 있어?

나영: 숫자 4를 별로 안 좋아하는 거? 그래서 옛날 건물에는 4층이 없는 곳도 있어.

후안: 헉! 나 기숙사 방 번호가 404호인데. 그럼 나는 안 좋은 일만 있는 거야?

나영: 그건 아니야. 미신은 미신일 뿐이지. 과학적인 근거는 없으니까.

후안: 그럼 그냥 이름을 빨간색으로 쓸게.

나영: 아...하지만 안 쓰는 게 더 좋을 것 같은데. 내가 검은 펜을 찾아볼게.

미신이란?

미신이란?

과학적이고 합리적인 이유는 없지만 어떠한 말과 행동을 하지 않도록 믿고, 행동하는 것.

단어	의미
운세(運勢)	운명이나 운수가 오는 모습 예) 운세가 좋다/나쁘다, 운세가 막히다, 운세가 펼쳐지다
사주(四柱)	사람이 태어난 생년월일, 시간을 보고 사람의 운세를 보는 것 예) 사주를 보다, 사주를 풀다, 사주를 타고나다
점(占)	앞날의 운수, 미래에 좋고 나쁨을 미리 보는 것 예) 점쟁이에게 점을 보다
궁합(宮合)	결혼할 남녀의 사주를 보고 부부로서 좋고 나쁜 것을 알아보는 것 예) 궁합을 보다, 궁합이 좋다/나쁘다
해몽(解夢)	꿈에서 나타난 일을 풀어서 좋고 나쁜 것을 판단하는 것
태몽(胎夢)	임신하거나 아기를 낳을 것을 예측하는 꿈
손금	손에 있는 선, 줄을 보고 운수를 보는 것 예) 손금을 보다, 손금이 좋다/나쁘다
관상(觀相)	사람의 얼굴, 생긴 모습을 보고 운명이나 성격, 수명 등을 보는 것
띠	사람이 태어난 해를 열두 가지 상징하는 동물들의 이름을 붙여 부르는 말 예) 너는 무슨 띠니? 저는 토끼띠예요.
풍수지리 (風水地理)	땅, 방향 등을 인간 운세의 좋고 나쁨과 연결시키는 것 집을 짓거나 죽은 사람을 모실 때 알맞은 장소를 찾으면서 보는 것 예) 풍수지리를 보고 이사 갈 집을 구했다.

징크스(jinx)	재수가 없는 일, 불길한 징조의 사람이나, 물건 보통 나쁘게 여겨지는 운 예) 그는 경기 전날 머리를 감으면 지는 징크스가 있다.
별자리	별의 위치를 보고 동물, 물건, 신화에 나온 인물의 이름을 붙인 것 예) 너의 생일은 무슨 별자리니? 난 염소자리야.
타로카드 (tarotcard)	14세기쯤 유럽에서 사용된 그림 카드. 카드로 미래를 점치거나 카드 게임에 사용 예) 타로카드를 보다 / 타로카드를 배우다

재미로 보는
한국의 미신

무슨 미신입니까?	왜?
시험 날 미역국을 먹지 않는다.	미역은 미끄럽다, 미끄러진다, 시험에 불합격한다.
밤에 손톱을 깎지 않는다.	귀신이 나올 것이다, 부모님이 일찍 돌아가실 것이다.
남자/여자 친구에게 신발을 선물하지 않는다.	새 신발을 신고 다른 연인을 만나러 갈 것이다.
연인/부부에게 닭 날개를 주지 않는다.	날개를 달고 다른 사람에게 갈 것이다.

밤에는 휘파람을 불지 않는다.	노래를 듣고 뱀, 귀신이 올 것이다.
건물/엘리베이터에 숫자 4가 없다.	죽을 사(死)와 소리가 같다.

재미로 보는
꿈 해몽

꿈 내용	의미	흉몽? 길몽?
돼지가 나오는 꿈	복권/이벤트에 당첨된다, 돈이 들어오거나 생각하지 못한 좋은 일이 생긴다.	길몽
조상이 나타나는 꿈	재물과 좋은 일이 생기니 복권 사는 것이 좋다.	길몽
이가 전부 빠진 꿈	모든 일이 잘 안 되고 병에 걸리거나 환자는 병이 더욱 심해지는 꿈이다.	흉몽
개를 얻는 꿈	집 안에 새 식구가 생긴다.	길몽
소가 집안으로 들어온 꿈	뜻밖의 재물이 들어온다.	길몽

신문으로 보는 '운세 관심'

미래가 불안한 MZ세대... 비대면 사주에 관심 급증

△△일보

새해를 맞아 운세나 사주를 보는 사람들이 늘어나며 점집과 철학관 등이 큰 인기를 끌고 있다. 특히 최근에는 'MZ세대'를 겨냥한 전화 채팅 등의 비대면 사주 집들도 늘고 있다. 온라인 점집 사이트에 최근 '재수 중인데, 올해 대학을 갈 수 있을지 궁금해서 이용했다. 상담 후에 불안감이 조금 해소됐다.'는 등 젊은 세대들의 다양한 후기들이 남겨져 있었다.

해마다 신년이 되면 비대면으로 운세를 본다는 김 씨는 "운세를 완전히 믿지는 않지만, 필요할 때마다 심리적으로 안정되기 때문에 점을 보는 것 같다."고

하면서 "특히 비대면으로 보면 따로 시간을 내지 않아도 돼서 좋다."고 말했다.

이처럼 운세를 보는 MZ세대가 늘어나는 이유는 경기침체와 구직난 등이 이유라는 분석이 있다. 어려운 경제 상황 속 미래에 대한 불안감을 떨치기 위해 운세와 사주 등에 대한 관심이 증가하고 있다는 것이다. 한 비대면 점술가는 "과거에는 어른들이 새해를 맞아 점집이나 철학관을 방문해 가족들의 운세를 봤다."면서 "그러나 최근에는 경제는 어려워지고, 취업은 힘들어지면서 편리한 비대면 서비스 사주를 보는 젊은 세대가 많아지고 있다."고 했다.

새로운 단어

겨냥하다	비대면	경기침체
구직난	떨치다	

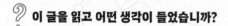

활동
질문에 대답해 봅시다.

❓ 이 글을 읽고 어떤 생각이 들었습니까?

❓ 여러분은 사주를 보는 것에 대해 어떻게 생각합니까?

대화 2 ➡

응우옌과 나영이 대화하고 있다.

응우옌: 나영~ 내가 학교 오는 길에 이삿짐센터 앞에서 이걸 봤어. 이게 무슨 의미야?

나　영: 손 없는 날 이사? 아! 이건 이사 날짜를 정할 때 쓰는 말이야.

응우옌: 그런데 손 없는 날이 뭐지? 이사할 때는 사람 손이 많이 필요할 것 같은데?

나　영: 나도 예전에 할머니한테 들었는데 여기서 손은 사람을 방해하는 귀신이나 악귀를 말한대.

응우옌: 귀..귀신? 이사하는데 왜 귀신이 나와?

나　영: 예전에는 사람이 이사, 결혼, 개업같이 큰일이나 중요한 일을 할 때 귀신이 방해한다고 생각했대. 그래서 귀신이 방해하지 않는 날에 중요한 일을 해야 된다고 믿은 거지.

응우옌: 그럼 모두 손 없는 날에 이사나 결혼을 해야 돼?

나　영: 그건 아니야. 이걸 중요하게 생각하는 사람들도 있고, 전혀 신경 쓰지 않는 사람들도 있어. 스스로 결정해서 하면 돼.

74

손 없는 날

'손(損)'은 날짜에 따라 동서남북 네 방향으로 다니면서 사람의 활동을 방해하는 악귀, 악신을 뜻합니다. 예로부터 '손 없는 날'은 귀신이나 악귀가 없어서 사람을 방해하지 않는 날, 즉 좋은 날을 의미합니다. '손 없는 날'은 현재 위치를 기준으로 움직이고 싶은 방향에 '손' 있는 날을 제외하고 어느 방향에도 악귀가 활동하지 않는 날로 음력으로 끝수가 9와 0인 날, 즉 9일과 10일, 19일과 20일, 29일과 30일이 해당합니다.

'손 없는 날'은 이사업체나 결혼식장에 예약이 많을 수도 있습니다. 예약이 많으면 비용이 오르는 경우도 있습니다. 그러나 이것을 믿지 않는 사람들은 일부러 '손 없는 날'을 피해서 중요한 일을 하기도 합니다.

활동
질문에 대답해 봅시다.

❓ 여러분 나라에는 어떤 미신이 있습니까? 여러분 나라의 미신을 소개해 보세요.

❓ 여러분은 미신을 믿는 편입니까? 믿지 않는 편입니까? 그 이유는 무엇입니까?

08

성격 + 몸짓
사진 찍을 때는 손가락 하트를 해요

학습 목표

1. 성격과 심리에 대한 단어를 알 수 있다.
2. 몸짓 용어를 이해할 수 있다.

성격 + 몸짓

사진 찍을 때는 손가락 하트를 해요

INTJ INTP ENTJ ENTP
INFJ INFP ENFP ENFJ
ISTJ ISFJ ESTJ ESFJ
ISTP ISFP ESTP ESFP

신문으로 보는 '오늘의 운세'

오늘의 띠별 운세

호랑이띠 – 누군가에게 도움을 부탁하기 어렵다면 조용한 곳으로 가서 쉬어 보세요. 도움을 청할 때는 개띠나 소띠에게 부탁하는 것이 좋습니다.

오늘의 별자리 운세

사자자리 – 선배와 후배를 챙기느라 바쁜 하루입니다. 그러나 오늘 하루가 끝나면 내일은 휴식이 찾아올 것입니다. 힘내세요.

대화 1

후안과 지수가 대화하고 있다.

후안: 신문에 오늘의 운세가 있네. 띠도 있고 별자리도 있어.

지수: 후안은 띠를 알아?

후안: 내가 태어난 해의 동물을 말하는 거지? 전에 찾아보니까 호랑이였어.

지수: 호랑이띠면 용기가 있고 대범한 성격이라고 하던데 맞아?

후안: 내가 호기심도 강하고 모험심도 있긴 하지. 그런데 띠랑 성격도 관계가 있어?

지수: 예전에는 그렇게 생각했어. 혈액형으로 성격도 이야기하고.

후안: 혈액형? 그럼 피에 따라서 성격이 다르다는 말이야?

지수: 맞아. 한때 유행이었는데 요즘은 MBTI가 유행이야.

후안: 그래서 나한테 MBTI가 뭔지 물어보는 사람이 많구나.
한국에서는 심리, 성격에 관해서 이야기하는 것을 좋아하는 것 같아.

지수: 성격 유형을 알면 서로에 대해서 더 잘 알 수 있다고 생각해서 그런 게 아닐까?
재미로 하는 거니까 너무 심각하게 생각하지 않아도 돼.

띠: 자신이 태어난 해에 동물과 사람의 성격이 비슷하다고 보고 하루의 운세를 점치는 것이다.

쥐띠: 행동이 빠르고 사람을 잘 이해하는 성격을 가지고 있다.

소띠: 근면하고 성실하며 안정적인 성격을 가지고 있다.

호랑이띠: 활동적이고 낙천적이고 도전을 즐기는 성격을 가지고 있다.

토끼띠: 예술적이고 예민하고 부드럽고 친화력이 강하다.

용띠: 독립적이고 지도력이 있고 창의력이 풍부하다.

뱀띠: 은밀하고 계획적이고 논리적인 사고가 뛰어나다.

말띠: 열정적이고 활동적이며 소통 능력이 뛰어난 성격을 가지고 있다.

양띠: 섬세하고 예술적인 면을 가지고 있고 헌신적이며 신뢰성이 높다.

원숭이띠: 재치 있고 적응력이 뛰어나며 호기심이 많다.

닭띠: 독립적이고 전달력이 있다. 꼼꼼하고 현실적이다.

개띠: 충실하고 충돌을 피하려고 하고 안정적이고 성실하다.

돼지띠: 성실하고 인내심이 강하며 사교성이 좋은 성격이다.

혈액형: 사람의 성격이 혈액형에 의해 결정되거나 어떠한 영향들을 받는다는 주장으로, 과학적 근거가 없지만 한국에서는 한때 성격을 파악하는 것으로 유행하였다.

1. A형: 섬세하고 꼼꼼하다. 조용하고 계획적으로 일을 한다. 또 다른 사람의 의견을 잘 듣는 편이다. 하지만 완벽주의로 인해 스트레스를 받을 수 있다.

2. B형: 자유로운 성격으로 독립적이고 창의적인 편이다. 도전을 좋아하고 다양한 상황에 잘 적응할 수 있다. 그러나 인내심이 부족한 경우가 있다.

3. ⊙형: 활발하고 외향적인 성격을 가지고 있다. 사교적이고 리더십이 뛰어나다. 또 현실적이라서 문제 해결 능력이 뛰어나다. 그러나 충동적으로 행동을 할 때가 있다

4. AB형: 창의적이고 예술적인 면을 가진 사람들이 많고 다양한 분야에서 재능을 보일 수 있다. 그리고 적응력이 높고 다른 사람들과 타협을 잘할 수 있다. 그러나 감정 표현이 어려울 때가 있다.

MBTI

MBTI는 마이어스(Myers)와 브릭스(Briggs)가 정신분석학자 카를 융의 심리 유형론을 토대로 만든 성격 유형 검사 도구다. 정신적 에너지의 방향성을 나타내는 'E·I(외향성·내향성)'와 판단 기능을 보여주는 'F·J(판단·인식)'는 태도 지표에 들어간다. 인식 기능과 생활양식을 뜻하는 'S·N(감각·직관)'과 'T·F(사고·감정)'는 기능 지표로 구분된다. 질문에 답을 해서 검사를 하며 결과는 성격 유형 16개 중 하나가 알파벳으로 나온다.

활동
질문에 대답해 봅시다.

❓ 여러분과 맞는 것이 있습니까? 어떤 것이 맞는 것 같습니까?

❓ 여러분은 한국에서 유행한 성격, 심리 검사에 대해서 어떻게 생각합니까?

당신이 힘들 때 포기하게 되는 것은?

동물과 함께 사막을 지나고 있던 당신은 가는 길에 지치고 힘들어서 함께 가던 동물들을 차례로 버리기로 결심한다. 이때 당신과 함께 가고 있는 동물은 사자, 말, 소, 양, 원숭이이다. 이 중에서 당신은 어떤 순서로 버리겠는가? 잠시 생각한 후에 결과를 확인해 보자.

1) 결과를 확인해 봅시다.

사자: 자존심을 의미한다. 힘든 일 앞에서 자존심은 쉽게 버릴 수 있는 성격이다. 반대로 사자를 마지막까지 지킨 사람들은 자존심이 세고 야망을 가진 사람이다. 이런 사람은 이기적이고 냉정하다는 말을 듣기도 하지만 자기 일에 최선을 다하고 인정을 받고 싶어 하는 사람이다.

말: 가족을 뜻한다. 마지막까지 말을 버리지 않는 사람은 안정감을 중요시하고 배려심이 많다. 주변 사람들에게 신뢰를 받고 있다. 겸손하고 묵묵하게 자기 일을 해내지만 때로는 융통성이 없다는 말을 듣기도 한다.

소: 직업과 목표를 의미한다. 야망이 크지 않고 소소한 행복에 만족하는 사람이다. 마지막까지 소를 남겨둔 사람은 자기 일에 자부심이 강하고 활발한 성격을 가지고 있다. 또 능동적인 성격도 있다.

양: 사랑을 말한다. 양을 먼저 버리는 사람은 힘들 때 연인, 배우자와의 행복을 포기한다. 반대로 양을 버리지 않는 사람은 열정적인 사랑을 하는 사람이다. 내성적이라는 말을 들을 수도 있지만 그 속에는 남다른 뜨거움이 있는 사람이다.

원숭이 : 친구를 의미한다. 이 사람은 친구와 함께 하는 것을 중요하게 생각하는
사람이다. 때로는 가벼운 사람이라는 평가를 듣지만 의리가 있는
사람이다. 겉으로는 밝은 모습을 보여주지만 고독한 모습도 있다.

2) 여러분과 맞는 것이 있습니까? 어떤 것이 맞는 것 같습니까?

활동
질문에 대답해 봅시다.

여러분 나라에도 유행하는 심리, 성격 테스트가 있습니까?
있다면 소개해 봅시다.

축제가 끝나고 모두 함께 대화한다.

경수: 오늘 축제가 잘 끝났으니까 단체 사진 찍을까?

나영: 모두 모이자. 하나 둘 셋!

지수: 손하트하고 다시~ 하나, 둘, 셋!

경수: 끝났다~ 모두 수고했어요.

흐엉: 잘 끝나서 다행이다. 그런데 왜 사진 찍을 때마다 V나 손 하트를 해?
무슨 의미가 있어?

나영: V는 승리 또는 기쁨의 표시이고 손가락 하트는 사랑의 표시이지.

지수: 그냥 사진을 찍으면 좀 밋밋하고 재미없으니까 손을 움직이는 것 같아.

흐엉: 그렇구나. 처음에는 손가락 하트하고 찍는 게 어색했는데 지금은 자연스러워졌어.

경수: 그럼 우리 셀카로 한 장 더 찍어볼까? 카메라 안으로, 이번엔 머리 위로 하트! 찰칵!

나영: 다음 축제에도 다 같이 모이면 좋겠다.

지수: 그럼 약속할까? 새끼손가락 걸고.

경수: 엄지 손가락으로 도장 찍고 손바닥으로 복사 스캔까지 해야지.

흐엉: 와! 이 약속은 절대 안 잊어버릴 것 같아.

재미로 보는
몸짓 언어

행동	의미	행동	의미
손을 위로 들어서 자신을 보여준다	저요	손가락, 머리 위 하트	사랑하는 표현
손등을 위로 해서 위아래로 움직인다	사람을 부를 때	손바닥이 위로 오게 해서 위아래로 움직인다	동물을 부를 때
엄지와 집게손가락으로 동그랗게	OK, 돈	새끼손가락 걸기	약속
손가락을 안으로 접는다	수세기	주먹 쥐고 손을 들어서 손을 위, 아래로 움직인다.	파이팅
엄지만 위로	최고		
검지손가락을 사람을 향해 뻗어서 말한다	손가락질(어른에게 하면 예의가 없다)	검지 손가락을 머리 위로 들고 있다	화났을 때
고개를 위아래로 움직인다	끄덕끄덕 / 동의	손을 귀에 대는 것	전화 해

여러분 나라의 몸짓 언어를 소개해 보세요. 어떻게 합니까?
의미는 무엇입니까?

여러분 나라에서 하면 안 되는 몸짓 언어가 있습니까?
어떤 것입니까?

*자료 도움: 한국교육학술정보원, 에듀넷

www.edunet.net

09

빨리빨리
한국은 언제부터 이렇게
빨리빨리 했어요?

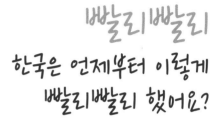

1. 한국의 빨리빨리 문화에 대해 알 수 있다.
2. 한국의 빨리빨리 문화를 이해할 수 있다.

09 빨리빨리
한국은 언제부터 이렇게 빨리빨리 했어요?

— K-직장인 —

갈아타는 곳 ⟸

빨리!
빨리!
빨리!

35

대화 ➡

흐엉과 나영이 이야기하고 있다.

나영: 한국에 와서 가장 놀랐던 건 뭐야?

흐엉: 뭐든 빨리빨리 되는 거! 입국심사부터 휴대폰 개통까지 너무 순식간에
끝나서 놀랐어.

나영: 아! 그렇지? 나도 한국 사람이지만 가끔 놀랄 때가 있어.

흐엉: 그리고 다들 성격이 급한 것 같아. 엘리베이터에 타자마자 닫힘 버튼부터 누르잖아.

나영: 나도 그래. 무의식적으로 그렇게 되더라고.

흐엉: 그래서 지난번에 고향에 갔을 때 생활 속도가 달라서 너무 놀랐어.

나영: 그럼 한국에서 너무 빨리빨리 하는 것이 불편할 때도 있지 않아?

흐엉: 뭐든지 빨리 되니까 생활이 편리하기는 한데, 가끔은 천천히 하고 싶을 때도 있어.

나영: 맞아. 때로는 느긋하게 하는 여유도 필요해.

흐엉: 그럼 오늘은 여유 있게 해볼까?

나영: 좋아. 천천히 밥 먹고 느리게 산책도 해 보자.

❶ 지하철 에스컬레이터에서 무조건 걸어 올라간다.

❷ 버스가 멈추기 전에 버스 문 앞에 서 있는다.

❸ 엘리베이터에 타자마자 닫힘 버튼을 누른다.

❹ 인터넷 창이 3초 안에 안 뜨면 F5 누른다.

❺ 카드로 계산하고 서명할 때 한 줄로 긋는다. / 가게 점원이 대신 서명한다.

❻ 컵라면 물 붓고 1분마다 젓는다. 3분 전에 다 익었는지 열어 본다.

❼ 식당에 들어가면서 "김치찌개 하나요~"하고 주문한다.

❽ 음식이 늦게 나오면 왜 안 나오냐고 물어본다.

❾ 영화가 끝나면 엔딩 크레딧을 보지 않고 바로 나온다.

❿ 비행기가 착륙하자마자 안전벨트를 풀고 일어선다.

활동
질문에 대답해 봅시다.

❓ **여러분은 몇 개 해당됩니까?**

❓ **여러분도 이런 행동을 한 적이 있습니까?**

한국인의 빨리빨리

한국인은 언제부터 이렇게 빨리빨리 했을까요? - 한강의 기적과 코리안 타임

외국인들이 한국인의 특징을 생각할 때 가장 먼저 나오는 말이 '빨리빨리'입니다. 그래서 한국 국가 번호가 '빨리'와 발음이 유사한 +82(팔이)라는 농담도 있습니다. 또 올림픽에서 쇼트트랙 스피드 스케이팅, 양궁, 사격 등의 스포츠에도 강한 것이 우연이 아니라는 말도 있습니다. 빨리빨리 덕분에 한국의 경제는 빠르게 성장할 수 있었고 인터넷도 초고속으로 이용할 수 있습니다. 배달의 속도도 빨라서 음식을 주문하거나 마트에서 배달을 시키면 짧은 시간 안에 물건을 받을 수 있습니다.

그럼 한국인들은 언제부터 이렇게 빨라졌을까요? 과거 경제 성장기에만 해도 서양에서는 '코리안 타임'이라는 말을 사용했습니다. 한국 사람들이 약속 시간보다 항상 늦게 나온다고 해서 나온 말입니다. 또 훨씬 더 과거로 가면 조선 시대에는 양반들이 빨리 걷거나 뛰는 것은 점잖지 못하다고 생각해서 양반답게 느리게 움직이고 천천히 말했습니다.

그렇지만 일제강점기를 겪고 한국전쟁이 일어나면서 한국은 많은 것들이 사라져서 무엇이든 새로 만들어야 했습니다. 1960년대 이후에 경제 부흥과 새마을 운동 등이 시작되었습니다. 이때만 해도 인구의 70％가 농촌에 살던 느린 나라였습니다. 그러나 국가 차원에서 경제 계획을 세우고 실행하면서 제조업, 건설, 건축 산업이 활발하게 움직였고 노동자들이 열심히, 빨리, 많이 일하면 많은 것을 이룰 수 있는 시대가 되었습니다. 그러면서 1962년 1인당 국민 소득 87달러에서 1979년 1,693달러로 20배, 국내 총생산(GDP)은 23억 달러에서 640억 달러로 28배 성장하며 '한강의 기적'을 이루었습니다. 그 후 1인당 국민 소득은 1995년 1만 달러, 2006년 2만 달러, 2017년에 3만 달러를 돌파하며 선진국에 진입했습니다. 느리게 천천히 하던 '코리안 타임'에서 '빨리빨리' 기적을 만들어 낸 것입니다.

'한강의 기적'을 이룬 한국의 경제 성장 과정

연도	1962~1966	1967~1971	1972~1976	1977~1981
구분	제1차 경제 개발 5개년 계획	제2차 경제 개발 5개년 계획	제3차 경제 개발 5개년 계획	제4차 경제 개발 5개년 계획
주요 사업 목표	• 에너지원 확충 (전력, 석탄) • 기간 산업 확충 • 사회 간접 자본 확충	• 식량의 자급자족 • 공업화 추진	• 경제 자립 • 중화학 공장 건설	• 자력 성장 • 기술 혁신
주요 사건 및 사업 성과	• 베트남 파병 • 발전소 건설	• 산업 단지 건설 • 고속 도로 건설	• 석유 파동 (1973) 극복 • 근로자 해외 파견	• 100억 달러 수출 달성 (1977) • 2차 석유 파동 (1978) 극복

재미로 보는
"이리 오너라"

　역사 드라마, 사극을 보면 문 앞에 도착한 사람이 "이리 오너라" 말을 하고 기다리는 것을 볼 수 있다. '이리 오너라'는 조선시대 양반들이 하인이나 천민을 부를 때 사용했다. 조선 시대 학자이자 소설가인 박지원의 <양반전>이라는 책에는 양반의 모습을 이렇게 묘사하고 있다. "하인을 부를 때는 긴 목소리로 부르며 걸음을 걸을 때는 느린 걸음으로 천천히 걷는 법이다."

양반은 고려와 조선 시대의 지배 신분층이다. 조선시대 신분은 양반, 중인과 같은 지배층과 그 반대인 상민, 천민이 있었다. 양반들은 땅을 소유해서 경제력이 있었으나 생산활동보다 학업에 몰두하고 관직에 오르는 것을 최고 가치로 여겼다. 천민들은 양반의 땅에서 농사를 지으면서 겨우 생계를 유지하였으며 신분 상승을 하는 것은 거의 불가능했다. 그러다 조선 후기에 전쟁 등으로 국가의 재정이 어려워지게 되었다. 이것을 해결하기 위해 나라에서는 전쟁 중 뛰어난 일을 한 사람이나 곡식을 바치는 평민, 또는 천민에게도 관직을 주기로 했다. 오랜 신분 제도를 겪어 왔던 중인, 상민, 천민들은 관직을 돈으로 주고 사고 가문의 이름이 있는 족보를 사거나 이를 위조하기도 하여 자신의 이름을 올리기도 하였다. 반대로 양반들은 권력에서 밀리고 경제적으로 어려워지는 일도 있었다. 조선 초에 양반의 비율은 7%였으나 조선 후기에는 약 70%까지 올라가게 된다. 이런 변화를 겪다가 1894년 갑오경장으로 조선의 신분제도는 공식적으로 폐지되었다.

* 갑오경장(甲午更張) : 1894년 조선의 고종이 옛 제도를 버리고 근대 서양 법식을 받아 새로운 국가 체제를 확립하려던 정책이다.

새로운 단어

초고속	성장기	점잖다	부흥
하인	묘사하다	지배	신분층
소유하다	학업	몰두하다	관직
겨우	생계	재정	바치다
위조하다	권력	근대	확립하다

더 배우기

한국 속담으로 배우는 '빨리빨리'

1) 속담의 뜻은 무엇일까요? 의미를 추측해 봅시다.

2) 자신의 추측과 진짜 의미가 맞는지 확인해 봅시다.

속담	의미
모로 가도 서울만 가면 된다	무슨 수단이나 방법으로라도 목적만 이루면 된다는 말
매도 먼저 맞는 놈이 낫다	어차피 겪어야 할 일이라면 아무리 어렵고 괴롭더라도 먼저 치르는 것이 낫다는 말
쇠뿔도 단김에 빼랬다	소의 뿔은 달아올랐을 때 빼야 한다는 말로 어떤 일이든지 하려고 마음먹었으면 망설이지 말고 곧 행동으로 옮기라는 뜻
우물에 가 숭늉 찾는다	성격이 매우 급하거나 조급하게 일을 하는 경우
목마른 놈이 우물 판다	어떤 일이든 가장 급하고 필요한 사람이 그 일을 서둘러 하게 되어 있다는 말
동에 번쩍 서에 번쩍	상대방이 놀랄 만큼 빠르고 바쁘게 움직이는 모습 (=동분서주)
발등에 불이 떨어졌다	급한 일이 갑자기 눈앞에 닥치다.

빨리빨리의 장점과 단점

	장점	단점
총알배송/ 새벽배송	필요한 물건을 다음 날 아침이나 새벽에 받을 수 있다.	빨리 배달하기 위해 과속 운행, 신호 위반 등을 하여 배달원들의 안전 문제가 있다.
초고속 인터넷/ IT 기술 발달	언제, 어디서든 빠르게 온라인 세상에 접속할 수 있다.	느린 것을 참지 못한다. 인내심, 참을성이 부족하다.
경제성장	국가의 필요한 시설을 빨리 만들 수 있었다.	성과주의, 결과주의가 생겼다. 안전 부주의로 건설 현장 등에서 사건사고가 생겼다.

신문으로 보는 '때로는 느릿느릿'

[칼럼] 빨리빨리보다는 때로는 느릿느릿

△△일보

한국 사회에서 빨리빨리라는 말은 이제 습관이 되었다. 음식점에서 주문한 음식이 곧장 나오지 않으면 짜증을 내고, 도로에서 신호가 바뀌었는데 바로 출발하지 않으면 경적을 울린다. 회사에 막 들어온 신입 사원이 일을 빨리 배우지 않는다고 훈계를 한다. 자신의 마음처럼 빨리 되지 않으면 화를 내는 사람들을 어디서나 볼 수 있다.

그러나 과연 모든 것이 빠른 것이 좋은 것일까? 한국 사회에서는 빨리빨리로 인해 많은 사건 사고가 있었다. 빨리빨리 하기 위해 제대로, 잘, 완벽하게 해내지 못하고 끝내는 것에만 집중했기 때문이다.

과거에는 빨리 건설한 다리와 백화점이 무너지면서 많은 인명 피해가 발생하기도 했다. 최근에도 이런 문제들이 곳곳에서 일어나고 있다.

무조건 빨리한다고 다 좋은 것은 아니다. 일하는 과정을 중요하게 생각하지 않고 결과만 빨리 보여주기를 원한다면 실패할 가능성이 크다. 얼렁뚱땅 '빨리'만 끝내지 말고 시간이 걸리더라도 천천히 안전하게 하는 것이 좋다. 또 시간이 필요한 사람들에게는 충분히 익숙해질 때까지 기다려주는 것이 필요하다. 이제 우리 사회도 지나친 '빨리'보다는 천천히 느리게 하는 것이 아름답다고 느껴야 할 때다.

활동
질문에 대답해 봅시다.

- 여러분이 경험한 한국의 빨리빨리는 무엇이 있습니까?

- 여러분은 빨리빨리에 대해서 어떻게 생각합니까?

- 여러분 나라 사람의 성격을 표현할 수 있는 말이 있습니까? 있다면 소개해 보세요.

새로운 단어

| 경적 | 훈계 | 인명 | 얼렁뚱땅 |

10

눈치와 오지랖

마지막 한 조각을
먹어도 될까요?

1. 한국의 눈치 문화에 대해 알 수 있다.
2. 한국의 오지랖에 대해 이해할 수 있다.

10 눈치와 오지랖
마지막 한 조각을 먹어도 될까요?

대화

흐엉과 나영이 대화한다.

흐엉: 나영~ 뭔가 피곤해 보여. 오는 길에 무슨 일 있었어?

나영: 오늘은 눈치 게임 실패! 그래서 계속 서서 왔어.

흐엉: 눈치 게임?

나영: 지하철 탔는데 내 앞에 앉아 있는 사람이 곧 내릴 것처럼 하더라고.
그래서 곧 앉을 수 있겠다 싶어서 좋아했는데 그 사람이 안 내리는 거 있지.
40분 내내 서서 왔어.

흐엉: 피곤하겠다. 그런데 그럴 때도 눈치라고 하는구나.

나영: 응, 말하지 않아도 어떤 상황이나 어떤 분위기를 보고 아는 걸 눈치라고 해.

흐엉: 그럼 그 상황이나 분위기를 아는 것도 능력이겠다.

나영: 그런 것 같아. 한국에서는 눈치가 있다, 없다라고 말하니까.

흐엉: 그런데 눈치는 우리나라에 비슷한 말이 없는 것 같아.

나영: 그런가? 생각해 보니 한국의 문화인 것 같기도 하네.

흐엉: 응, 한국어를 배우면서 단어에도 문화가 반영되어 있다는 걸 요즘 배우고 있어.

눈치란?

'눈치' 사전적 의미

1) 남의 마음을 그때그때 상황을 보고 아는 것
2) 속으로 생각하는 것을 밖으로 드러내는 어떤 태도

표현	무슨 의미일까요?	표현	무슨 의미일까요?
눈치가 있다/없다		눈치를 주다	
눈치를 보다		눈치가 보이다	
눈치껏 하다		눈치를 챙기다	
눈치가 좋다		눈치가 빠르다	

눈치는 상대가 말하는 단어, 몸짓, 표정 등을 빨리 알아차리고 그 분위기나 상황에 알맞게 대처할 수 있는 능력을 말합니다. 한국인에게 눈치는 집단, 단체의 감정이나 분위기를 빠르게 이해하는 방식 중 하나입니다. 그래서 한국에서는 눈치를 사회생활, 대인 관계에서 필요한 것이라고 보고 있으며 의사소통에도 중요한 요소로 보고 있습니다. 때문에 눈치가 없는 사람에게 "분위기 파악을 못 한다."거나 "사회생활을 못 한다."고 말하기도 합니다. 반대로 눈치가 있는 사람에게 "눈치가 빠르다.", "눈치가 백단이다."라는 말을 쓰기도 합니다. 한국에서는 여러 상황을 통해 눈치를 경험하게 됩니다.

❶ 목요일이 공휴일이라 금요일 휴가를 내면 4일 쉴 수 있다.

그런데 부장님이 먼저 목요일에 연차를 쓰고 싶다고 말했다.

나도 연차를 써도 될까?

❷ 피자 8조각을 친구 3명이서 함께 먹었다. 각자 2조각씩 먹고 2조각이 남았다.

누가, 어떻게 먹을까?

❸ 10년 만에 만난 친구가 나보고 더 예뻐졌다고 몰라보겠다고 말한다.

내가 보기에 친구는 그사이에 좀 늙은 것 같다.

나는 친구에게 뭐라고 말해야 할까?

❹ 겨울에 모두가 검은색 롱패딩을 입는다. 나는 흰색을 입고 싶은데

나만 흰색을 입으면 너무 눈에 띌 것 같다.

나도 검은색 롱패딩을 입어야 할까?

읽기 후안의 일기

나는 어학당 주변 원룸에서 자취를 하고 있다. 처음에 원룸에 살기 시작했을 때 적응이 안 되는 것이 있었다. 그것은 주변 사람들이 나에게 질문을 너무 많이 하는 것이었다. 슈퍼마켓 아주머니는 나에게 처음에 어느 나라 사람인지, 왜 한국에 왔는지를 물었다. 그다음에는 형제는 있는지, 부모님은 뭐 하시는지도 물었다. 얼마 뒤에 과일 가게 아저씨는 나에게 결혼은 했는지, 여자 친구는 있는지 물었다. 카페 사장님은 갈 때마다 공부는 잘되고 있는지 물어본다. 처음에는 너무 개인적인 질문을 많이 해서 불편했다. 그리고 나의 개인적인 이야기를 얼마나 자세하게 대답해야 할지도 고민이 되었다. 한국 친구들에게 물어보니 한국인은 주변 사람들에게 관심이 많아서 질문도 많이 한다고 말해줬다. 그리고 '오지랖'이라는 단어를 가르쳐 줬다. 처음에는 이런 것이 익숙하지 않아서 조금 불편했다. 하지만 지금은 익숙해졌다. 슈퍼마켓 아주머니는 내가 학생이라고 하니까 할인하는 날짜도 미리 알려주신다. 과일 가게 아저씨는 외국 생활을 할 때는 잘 먹어야 한다면서 매번 과일을 하나씩 덤으로 더 주신다. 카페 사장님도 가끔 잘못 구웠다며 쿠키를 그냥 주기도 하신다. 요즘은 이런 관심이 재미있고 따뜻하다. 지금은 이런 한국의 오지랖에 완전히 적응했다.

알아보기 2

오지랖이란?

오지랖은 웃옷이나 윗도리에 입는 겉옷의 앞자락을 말합니다. 오지랖, 즉 옷의 앞자락이 넓으면 몸이나 다른 옷을 넓게 여러 겹으로 감싸게 됩니다. 이것을 사람과의 관계에 적용해서 '오지랖이 넓다'고 하면 다른 사람 일에 간섭할 필요가 없는데 간섭하는 사람을 뜻합니다. '오지랖'은 다른 사람에게 보내는 관심, 배려가 되기도 하지만 '오지랖'이 지나치게 넓으면 남을 귀찮게 하거나 부담이 될 수도 있습니다.

신문으로 배우는 '꼰대'

오지랖이 넓으면 꼰대?

△△일보

꼰대는 나이 든 사람, 기성세대를 낮게 부르는 말로, 꼬여서 불쾌한 느낌이 드는 사람이라는 뜻입니다. 보통 젊은 세대에게 지나치게 관심을 가지면서 사생활을 묻거나 "나 때는 말이야~" 하면서 자신의 경험을 이야기하고 그것이 절대적으로 옳다고 생각하면서 젊은 세대에게 충고나 조언을 하려고 하는 사람을 말합니다. 그래서 꼰대를 지칭하는 '라떼는 말이야' = 'latte is hores'라는 신조어도 생겼습니다. 꼰대들의 특징은 자신들의 생각이나 믿음을 바꾸지 않고 다른 사람들의 의견도 잘 듣지 않는 것입니다.

여기에 더해서 자신의 생각이 틀렸다는 것을 인정하지 않으려 합니다.

최근 한 설문조사에서 20~50대 직장인들이 뽑은 꼰대 특징 1위는 '굳이 안 해도 되는 말을 하는 것'이라고 했고 2위와 3위는 '요즘 애들은', '옛날에 비하면'이라는 말을 자주 쓰는 것이라고 했습니다. 꼰대인지 알 수 있는 것은 1위가 말투, 2위 가치관, 3위는 오지랖이라고 했고 꼰대 하면 가장 먼저 생각나는 이미지는 '권위적이다', '고집이 세다', '불통', '참견'이라고 답했습니다.

질문을 읽고 답에 표시해 보세요.

항상 그렇다 (5점), 자주 그렇다 (4점), 가끔 그렇다 (3점),
거의 그렇지 않다 (2점), 전혀 그렇지 않다 (1점)

❶ 친구나 동료에게 개인적인 일을 자주 물어본다.

❷ 다른 사람 일에 조언을 하는 것을 좋아한다.

❸ 내가 아는 이야기, 정보를 공유하는 것을 좋아한다.

❹ 다른 사람 일에 자주 관심을 가진다.

❺ 친구, 동료의 개인적인 문제를 해결하기 위해 노력한 적이 있다.

❻ 다른 사람의 일에 대해 생각하고 걱정하는 시간이 많다.

❼ 친구, 동료의 일을 많이 알고 있다고 생각한다.

❽ 다른 사람의 문제를 내 문제처럼 생각한다.

❾ 다른 사람 일에 대해 의견을 말할 때 상대방의 기분보다 내 의견이 더 중요하다.

❿ 내 조언이나 도움 없이는 친구, 동료가 문제를 해결할 수 없다고 생각한다.

답을 모두 더해 봅시다. 결과를 확인해 봅시다.

10~20점: 건강한 관심

다른 사람의 일에 적당한 관심을 보이고 개인의 사생활을 존중하고 있습니다.

21~30점: 오지랖의 경계

때때로 다른 사람의 일에 지나치게 관심을 보입니다. 상대방의 반응을 살피고 개인의 일을 존중하는 것이 필요합니다.

31~40점: 오지랖

다른 사람의 일에 지나치게 관심이 많습니다. 자신의 행동이 상대방에게 부담을 주지 않는지 판단해야 합니다.

41~50점: 최고의 오지랖

다른 사람의 일에 과하게 관심이 있습니다. 다른 사람을 존중하고 조언이나 도움을 주기 전에 상대방의 의사를 물어보는 것이 필요합니다.

❓ 여러분 나라에도 '눈치'와 비슷한 문화가 있습니까?

❓ 여러분 나라에도 세대차이를 표현하는 말이 있습니까?

새로운 단어

| 기성시대 | 꼬이다 | 말투 | 가치관 |
| 권위적이다 | 불통 | 참견 | |

11

학연, 지연, 혈연
어느 김 씨냐고요?

학습 목표

1. 한국인의 성씨에 대해 알 수 있다.
2. 한국의 연고주의에 대해 알 수 있다.

11 학연, 지연, 혈연
어느 김 씨냐고요?

대화 1

흐엉은 새로운 곳에 아르바이트를 하러 갔다.

흐 엉: 안녕하세요? 흐엉이라고 합니다. 베트남에서 왔고요.

　　　한국에 어학연수 온 지 1년 됐어요. 내년에 대학교 입학하려고 준비하고 있어요.

사장님: 면접 때도 느꼈지만 한국어를 정말 잘하네요. 나는 김장수 사장이에요.

　　　다른 아르바이트생들하고도 인사하세요.

혜 영: 안녕하세요? 저는 김은경이고요. 오전 시간에만 일해요.

준 희: 안녕하세요? 저는 김준희예요. 여기서 제일 오래된 알바생이니까 모르는 건

　　　저한테 많이 물어보세요.

흐　영: 네, 반갑습니다. 그런데 모두 김 씨네요. 혹시 가족이나 친척이에요?

사장님: 그건 아닌데, 그러고 보니 자네들은 어디 김 씨인가? 나는 김해 김씨인데.

혜　영: 저는 경주 김씨요.

준　희: 저는 남양이요.

사장님: 같은 김 씨면 어느 파, 몇 대손인지도 물어보려고 했는데 그건 다 다르네.

흐　영: 김 씨도 다 같은 김 씨가 아니에요? 한국에는 제가 배울 것이 아직도 많네요.

한국인의 성씨 – 김연아 & 연아 김

　　해외에서 활동하는 한국인 스포츠 선수를 소개할 때 김연아 선수는 연아 김, 김민재 선수는 민재 김으로 불린 적이 있다. 서양에서는 보통 이름을 먼저 말하고 성을 뒤에 붙이지만 한국은 성이 먼저고 이름이 그다음에 나온다. 유럽에서 활동하는 김민재 선수의 경우 '민재' 이름이 외국인에게 쉽지 않기 때문에 KIM으로 불러달라고 했다. 또 메이저리그에서 활동하고 있는 야구 선수도 KIM을 유니폼에 새겼지만 계속해서 김씨 선수들이 메이저리그에 진출하자 유니폼에 선수의 이름과 성을 함께 넣게 되었다. 최근 야구선수 김하성은 영어 이름을 H.S.KIM으로 표기하기도 했다. '김'은 한국인의 약 20%가 사용한다. 그렇지만 '김'이라고 해서 모두 같은 '김'이 아니다. 성에는 그 성씨가 어디에서 시작되었는지를 보는 '본'이 있는데 같은 성과 같은 본을 가진 사람은 혈연, 즉 가족관계로도 볼 수 있다. 한국인의 성씨 중 가장 많은 성씨는 김(21%), 이(14%), 박(8%)이다. 그러나 이런 성씨 외에도 한국에는 성씨 개수가 약 5천 개가 넘고 성씨의 본관은 3만 개가 넘는다. 성 씨의 종류가 다양한 것은 외국인들이 귀화하면서 자신의 성씨를 등록하고 본관도 새로 만들었기 때문이다. 그렇다면 한국의 인구를 가장 많이 배출한 본관은 어디일까? 바로 경주이다. 경주 김씨, 경주 이씨, 경주 최씨 등 경주를 본관으로 삼고 있는 사람은 약 460만 명에 달한다.

알아보기 1

본관(本貫)이란?

성(姓)의 출발지, 조상들이 거주하는 곳을 통해서 혈통 관계, 신분을 나타내는 관습 제도입니다. 만약 '김해 김씨'라고 하면 '김해'가 본관이 되고, '김'의 성씨가 가장 먼저 시작된 곳, 김 씨의 조상들이 살았던 곳이라고 볼 수 있습니다. 같은 김 씨지만 본관이 경주, 김해 등으로 다양한 것은 후손들이 번창하는 과정에서 각 지방으로 흩어져 살게 되었고, 그곳에서 크게 활약한 후 나라로부터 직위를 부여받아서 그 땅의 시조가 되었기 때문입니다. 최초의 성씨 시작을 1대손이라고 하면 그 아래부터 2대손, 3대손이 됩니다. 또 본관이 갈라진 것처럼 후손들이 독자적인 파(派)를 만들기도 했습니다. 파의 이름은 조상이 살던 지역명이나 지위가 될 수도 있습니다. 그래서 김해 김씨 삼현파 70대손처럼 자신을 소개할 수 있습니다.

활동
질문에 대답해 봅시다.

❓ **여러분 나라에서 가장 많은 '성'은 무엇입니까?**

❓ **여러분 나라의 '성'에도 특징이 있습니까?**

새로운 단어

후손	번창하다	직위	시조

알아보기 2 신분증의 대표 이름 '홍길동'은 누구?

홍길동은 조선 시대의 실제 도둑이라는 말이 있지만 출생이나 사망에 대한 기록은 없습니다. 홍길동은 조선 중기 학자 허균이 쓴 <홍길동전>의 주인공 이름이기도 합니다. 이 소설은 최초의 국문 소설이라는 점에서 의미가 있습니다. 소설에 따르면 홍길동의 아버지는 높은 관직인 판서에 있는 사람이었으나 어머니는 신분이 낮은 노비였습니다. 홍길동은 어렸을 때부터 뛰어난 재주와 능력을 가지고 있었지만 자신의 신분 때문에 호부호형, 즉 아버지를 아버지라 부르지 못하고 형을 형이라고 부를 수 없었습니다. 길동은 집을 떠나 큰 도둑이 되고 부정부패를 저지르는 관료들을 혼내주고 그들의 물건을 뺏어 가난한 백성들을 도와줍니다. 홍길동이 빨리 움직이는 모습을 보고 '동에 번쩍 서에 번쩍', '신출귀몰'이라고 표현했습니다. 나중에 홍길동은 자신의 나라를 떠나서 아름다운 장소를 발견하고 그곳에 나라를 세워 왕이 됩니다. 홍길동을 두고 의로운 도둑이라고 해서 '의적'이라고 하기도 하고 영웅이라고 하기도 합니다. 홍길동의 이야기는 현대에 와서도 만화, 영화, 드라마, 연극 등으로 제작되며 큰 인기를 얻었습니다.

홍길동의 이름을 행정 문서 예시로 사용하는 것에는 정확한 유래가 없습니다. 다만 여러 가지 추론이 있습니다. 첫째, '홍길동'은 한국인이라면 누구나 알고 있는 이름이고 부르기도 쉽다는 것입니다. 둘째, '홍길동'은 소설 주인공이기 때문에 출생과 사망, 결혼과 이혼 등 모든 서류에 사용해도 부담이 없다는 점이 있습니다. 마지막으로 소설 속 '홍길동'은 낮은 신분으로 호부호형하지 못했지만 자신의 능력과 재주로 이름을 널리 알렸다는 것도 있습니다. 한국에서는 1950년대부터 한국 공공기관, 민간단체 등에서 홍길동 이름을 사용했다고 하니 한국의 대표 이름이라고 볼 수 있겠습니다.

새로운 단어

출생	사망	중기	국문
관직	노비	부정부패	관료
신출귀몰	의롭다	영웅	행정

활동
질문에 대답해 봅시다.

- 여러분 나라에 가장 많은 이름은 무엇입니까?
  현재 인기 있는 이름이 있습니까?

- 공공기관이나 단체에서 예시로 사용하는 이름이 있습니까?
  있으면 소개해 보세요.

대화 2

흐엉과 나영이 대화한다.

나영: 흐엉, 오늘 첫 아르바이트 어땠어?

흐엉: 첫날이라서 간단한 일만 배우고 왔어.
  그런데 오늘 카페에서 소개할 때 재미있는 일이 있었어.

나영: 뭔데?

흐엉: 사장님하고 알바생들이 모두 김 씨야.

나영: 어! 나도 김 씨인데.

흐엉: 그러네. 그래서 또 사장님이 다른 알바생들한테 고향이 어딘지,
  출신 고등학교는 어딘지 자세하게 물어보더라고.

나영: 왜 그런지 알 것 같아. 성씨, 고향, 학교, 종교 등이 같으면
  관계에서 좀 더 가깝다고 느끼기 때문이야.

흐엉: 그래? 그럼 고향이나 학교가 같으면 더 빨리 친해질 수 있겠네?

나영: 그렇지. 그리고 그런 사람들을 더 잘 챙겨주는 사람도 있고.

흐엉: 하지만 같은 고향, 학교가 아닌 사람들은 좀 소외감을 느낄 것 같아.

나영: 맞아. 이런 게 한국의 연고주의인데 장점도 있지만 단점도 많아서
최근에는 없어지는 추세야. 하지만 아직도 남아 있긴 해.

연고주의와 관련된 어휘를 배워 봅시다.

연고주의	혈연이나 학연, 지연 등으로 된 관계를 중요시하는 것	**종친회**	성과 본이 같은 사람들끼리의 모임
향우회	다른 도시에서 같은 고향 사람들끼리 만나는 모임	**동창회**	같은 학교를 졸업한 사람들끼리 모이는 것
공동체	생활이나 목적을 같이하는 집단	**학연**	출신 학교로 연결된 인연
혈연	같은 핏줄로 연결된 인연	**지연**	출신 지역에 따라 연결된 인연
학벌	출신 학교의 사회적 지위나 등급, 출신 학교에 따라 이루어지는 파벌	**인맥**	정치, 경제 등에서 만들어진 사람들과의 관계
낙하산	채용 등에서 주변 사람의 힘으로 자리를 차지하는 것을 비유하는 말	**파벌**	이해관계에 따라 나누어진 집단

한국 영화나 드라마를 보면 "경찰 서장하고 내하고 한 집안 사람이다.", "내 동창 중에 의사, 변호사 다 있다.", "같은 고향 사람끼리 믿어야지." 이런 대사들을 들을 수 있다. 또 어디에서나 향우회, 동창회, 종친회 등이 열리는 것을 볼 수 있다. 선거 기간이 되면 후보자들이 자신을 소개할 때 ○○지역의 딸, 아들, 며느리, 사위라는 표현을 쓰기도 한다. 정치 뉴스를 보다 보면 정치인 중에 특정 학교 출신이 유난히 많다는 문제를 지적하기도 한다. 연고주의는 긍정적인 면도 부정적인 면도 있다.

가족 중심 사회로 살다가 1960년대 이후 산업화, 도시화가 되면서 사람들은 수도권을 비롯한 대도시로 갔다. 대도시에서 같은 고향, 같은 학교 사람들을 만나면서 친밀감을 느끼고 낯선 곳에서 서로 의지하며 적응할 수 있었다. 그러다 보니 연고주의는 공동체를 만드는 중요한 요소가 되었다. 그러나 연고주의는 같은 집단에 속한 사람들을 우선시하다 보니 다양하게 발전할 수 없게 되어 지역갈등, 정치 부패 등의 문제를 일으키기도 했다. 학벌이 곧 능력이라는 편견이 생기고 아는 사람을 동원해 입시, 채용 등을 하면서 낙하산이라는 말도 생겼다.

이런 문제가 심각해지자 최근에는 사람을 모집하거나 채용할 때 '블라인드', 즉 서류에 고향, 학력 등을 쓰지 않고 능력과 실력으로만 평가하는 제도가 생겼다. 블라인드 채용은 만연한 연고주의를 깨고 모두에게 평등한 기회를 주어 공정한 과정으로 채용하기 위한 제도이다. 한국의 연고주의를 깬 대표 사례로는 히딩크 감독을 들 수 있다. 2002년 한일 월드컵 때 한국의 축구 국가대표 감독으로 선발된 사람은 네덜란드인 히딩크 감독이었다. 히딩크 감독은 외국인으로 기존 한국의 연고주의, 파벌을 깨고 오직 실력으로만 선수들을 선발하였는데 그로 인해 월드컵 4강을 이끌 수 있었다.

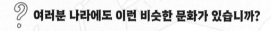

활동
질문에 대답해 봅시다.

❓ 여러분 나라에도 이런 비슷한 문화가 있습니까?

❓ 여러분은 연고주의를 어떻게 생각합니까?

새로운 단어

후보자	유난히	부패	편견
동원하다	유발하다	블라인드	만연하다

12

협동과 단결심
붉은색 티셔츠를 입고 축구 응원을 해요

학습 목표

1. 한국의 협동과 단결심을 배울 수 있다.
2. 한국의 협동과 단결심을 이해할 수 있다.

12 협동과 단결심
붉은색 티셔츠를 입고 축구 응원을 해요

대화 1

후안과 경수가 대화하고 있다.

후안: 오늘 무슨 날이야? 길에 사람들이 다 빨간색 옷을 입고 있어.

경수: 아! 오늘 축구하는 날이야. 길거리 응원하러 갈 때 빨간색 옷을 입어.
한국 축구 대표팀 응원 색깔이거든.

후안: 전에 텔레비전에서 본 적이 있어. 그런데 언제부터 이렇게 빨간색 옷을 입고
응원을 했어?

경수: 내가 태어나기 전인 2002년에 한국에서 한일 월드컵을 했대. 그때부터
국가대표팀이 축구를 하면 빨간색 옷을 입고 나와서 거리 응원을 했다고 하더라고.

후안: 함께 응원하는 모습을 보면 단결심이 대단한 것 같아. 협동심도 강하고.

경수: 그렇지? 예전에도 나라에 어려운 일이 있을 때 시민들이 함께 나서서 도왔대.

한국의 단결심

국내외에 거주하는 외국인들에게 한국 사회의 장점을 물었더니 단결심을 꼽은 적이 있습니다. 또 한국인의 유전자에는 위기를 기회로 만드는 능력이 있다는 분석도 있습니다.

이를 대표적으로 보여주는 사례 중 하나는 외환위기 때 '금 모으기 운동'입니다. 1997년 한국은 외국에서 빌린 돈은 많지만 국가가 가지고 있는 외화는 부족했습니다. 많은 기업이 어려워졌고 대규모 실직이 일어나면서 국민들의 생활도 힘들어졌습니다. 그러자 한국은 1997년 11월에 국제통화기금(IMF)에 도움을 요청했습니다. 이것을 알게 된 국민들은 자신이 가지고 있던 금을 꺼내서 나라를 살리기 위한 '금 모으기 운동'을 펼쳤습니다. 기업인, 종교인, 공무원, 주부 등 많은 사람들이 금을 팔거나 기부했습니다. 아기 돌 반지, 금 열쇠, 금 거북이 등 227t의 금이 모여 22억 달러를 확보했습니다. 이러한 금은 해외로 수출되어 외화를 확보하는 데 사용되었습니다.

또 다른 사례로는 태안 기름유출 사고입니다. 2007년 12월 충남 태안군 인근 해상에서 선박 충돌로 다량의 기름이 유출되는 해양 오염 사고가 있었습니다. 이것은 태안 군민들에게 물질적, 정신적, 신체적 피해를 줬습니다. 절망에 빠진 군민에게 도움의 손길을 내민 것은 전국 각지에서 모인 자원봉사자들이었습니다. 학생, 시민단체, 공무원은 물론 연예인들도 봉사활동을 하러 태안으로 떠났습니다. 123만 명의 봉사자들이 모여서 거대한 인간 띠를 만들고 양동이로 기름을 퍼 나르고 바위에 낀 기름을 헌 옷으로 닦았습니다. 봉사자들 덕분에 태안의 바다는 10년 만에 오염에서 벗어나 푸른빛을 보였습니다.

신문으로 보는 '협동심'

도로 위 빛나는 시민 영웅들

△△일보

이달 △일 오후 △시쯤 △△시의 8차선 도로에서 유턴하던 5톤 트럭이 차량 고장으로 갑자기 멈춰 섰다. 유턴을 하던 중 갑자기 멈췄기 때문에 트럭은 3개 차선을 가로로 막게 되었다. 이 때문에 다른 차들은 위험하게 오가야 했다. 이때 이 상황을 해결한 것은 시민들이었다. 주변에 있던 7~8명이 마치 약속한 것처럼 모여서 트럭 뒤, 옆으로 붙었고, 힘을 합쳐서 길옆으로 트럭을 밀자, 트럭이 조금씩 움직였다.

막혀 있던 도로는 점차 뚫리기 시작했다. 도로 위에서 시민들이 힘을 합한 것은 이번이 처음이 아니다. 작년 ▲▲시에서 달리던 트럭에서 맥주병 수백 개가 쏟아져서 도로가 어지러워졌다. 이때 주변에 있던 시민들은 경찰과 소방서에 먼저 신고하고 빗자루 등을 이용해서 술병을 치우고 도로 정리를 도왔다. 시민들 덕분에 큰 사고로 이어지지 않고 도로도 30분 만에 깔끔하게 치워졌다. 모두가 시민 영웅이다.

후안과 경수가 함께 카페에 갔다.

경수: 어! 저기 자리 있다. 여기 앉을까? 가방부터 놓자.

후안: 그래! 내가 가방 지키고 있을 테니까 먼저 주문하고 와.

경수: 가방 두고 가도 돼. 메뉴판 보고 뭐 먹을지 정하자.

후안: 가방을 그냥 두고 간다고? 여기 노트북도 있는데? 안 돼. 도둑맞아.

경수: 괜찮아. 다른 테이블에도 사람은 없고 노트북만 있는 곳이 있지?

후안: 그러네, 휴대폰만 올려져 있는 것도 있어. 다들 어디 간 거야?

경수: 자기 물건을 두는 것은 자리를 맡는다는 거야.
　　　 가방 두고 주문하러도 가고 화장실도 가.

후안: 치안이 좋구나. 그러고 보니까 한국은 밤에 거리에도 사람이 많고
　　　 대중교통도 위험하지 않은 것 같아.

경수: 맞아. 대체로 안전한 편이야. 하지만 한국에도 위험한 사건사고가 있으니까
　　　 너무 안심하지는 말고. 내 물건을 잘 챙기는 것도 필요해.

알아보기 2

한국의 치안

해외여행객 사이에서 한국은 '술 취한 채 밤에 돌아다녀도 안전한 나라'라는 평가가 있었습니다. 2015년 삶의 질이나 생활비, 부동산 등의 순위를 매기는 해외 전문 사이트인 NUMBEO의 2015년 세계 치안 순위 중간 결산(Crime Index for Country 2015 Mid Year)에서 한국이 1위를 차지했습니다. 이 조사는 범죄의 수준과 자동차 절도, 종교 분쟁과 마약 등의 요소가 고려된 것입니다. 때문에 한국에는 노래방, 카페, 패스트푸드점, 식당 등이 24시간 영업하는 곳도 많습니다. 그래서 도심에서는 이러한 편의 시설을 늦은 밤에도 새벽에도 이용할 수 있습니다.

한국의 치안 수준이 높은 것은 '공동체' 의식이 있기 때문이라는 분석이 있습니다. 곳곳에 CCTV가 있고 경찰 신고와 접수가 빨라서 치안 시스템이 잘 되어 있으며 지역 주민, 시민들도 협력해서 함께 안전하고 살기 좋은 곳을 만들고 있다는 것입니다. 그러나 한국도 각종 사건, 심각한 범죄가 일어나고 있기 때문에 방심해서는 안 됩니다. 인적이 드물고 어두운 곳, 너무 늦은 시간에 혼자 다니는 것은 위험할 수 있으니 조심하는 것도 필요합니다.

활동
질문에 대답해 봅시다.

? 여러분 나라에도 이런 비슷한 사례가 있습니까?

? 여러분 나라의 치안, 안전은 어떻습니까? 여러분 나라의 이야기를 소개해 보세요.

신문으로 보는 '우리'

[사설] 한국인의 '우리'

△△일보

한국인의 공동체 문화는 '우리'라는 말에서 가장 잘 나타난다. '우리'는 가정뿐만 아니라 사회, 국가까지 모두 적용된다. 우리 집, 우리 아빠, 우리 아내, 우리 딸에서부터 우리 학교, 우리 회사, 우리나라까지 모두 사용된다.

과거의 한국은 가족과 친지가 한 마을에 모여 사는 공동체 형태였다. 농사를 지을 때도 함께 풍요를 기원하고 모내기를 하였으며 결혼식과 장례식과 같은 잔치가 있을 때도 마을 사람들은 같이 음식을 나눠 먹고 축하하고 위로했다. 그러면서 협동하는 마음, 질서 의식이 생겼으며 이것은 현대사회까지 이어지고 있다. 공동체 문화는 개인보다 공동을 우선시하고 '우리'라는 집단을 최우선에 둔다. 이러한 공동체 문화는 사회 발전을 이루고 집단의 이익을 얻는 것에는 유리하다. 그러나 개인의 취향, 개성 등은 집단에 묻혀서 발휘되지 못할 수도 있다. 최근에는 공동체 안에서도 개인의 역량을 보여주고 이것이 집단의 이익으로 이어질 수 있어야 한다는 목소리가 나온다. 사람은 사회에서 혼자 살 수 없고 '나'와 '너', 우리'는 함께 연결되어 있다. 때문에 공동체 문화의 장점은 더 크게 하고 단점은 보완해서 더 나은 공동체를 만들어야 한다.

개인주의 vs 집단주의

	장점	단점
개인주의	– 개인의 이익, 편익을 중요시한다. – 개인의 아이디어를 존중해서 혁신을 일으키기 쉽다.	– 집단 전체의 이익을 얻기 쉽지 않다. – 다양한 생각으로 의견이 정리되지 않을 때가 있다.

개인주의	– 개인의 인권, 독립성을 중요하게 생각한다. – 개인의 자유를 중요시한다.	– 어려운 일이 있을 때 개인이 스스로 해결해야 한다. – 타인에게 도움을 받기가 쉽지 않다.
집단주의	– 개인에게 소속감을 주고 의미와 보람을 느끼게 해준다. – 공동체가 힘을 합쳐서 큰일을 빨리 해결할 수 있다. – 같은 문화, 전통을 통해 화합할 수 있다. – 집단 내의 이익을 중요하게 생각한다.	– 집단 내에서 부정적인 일이 있어도 쉽게 말하지 못하고 개인의 의견은 희생되기 쉽다. – 집단에 소속되지 않은 사람들에게 외면, 차별, 불이익을 줄 수 있다. – 다양한 생각을 존중하지 않는다. – 개인의 자유가 제한되고 개인의 이익을 얻기 쉽지 않다.

새로운 단어

외환위기	실직	다량	치안
방심하다	인적	드물다	

활동
질문에 대답해 봅시다.

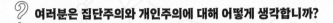 여러분은 집단주의와 개인주의에 대해 어떻게 생각합니까?

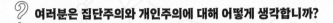 여러분 나라에서는 어떤 것에 더 가치를 두는 것 같습니까?

*자료 도움: https://encykorea.aks.ac.kr/Article/E0078980
https://n.news.naver.com/mnews/article/005/0000840395?sid=102 (국민일보)

13

외신이 보는 한국
수능 시험 치는 날
비행기도 안 뜬다고요?

학습 목표

1. 한국의 수능 문화를 알 수 있다.
2. 한국의 군대 문화를 알 수 있다.

13 외신이 보는 한국
수능 시험 치는 날 비행기도 안 뜬다고요?

수학 영역 (가형)

대화 1 ➡

후안이 회사에서 대화하고 있다.

부장: 후안~ 내일은 한 시간 늦게 출근해도 돼요. 10시까지 오세요.

후안: 내일은 10시까지요? 무슨 일 있어요?

부장: 내일 한국은 대학교 시험이 있는 날이에요. 그래서 회사는 모두 한 시간 늦게 가요.

후안: 대학교 시험하고 회사 출근 시간이 무슨 상관이 있어요?

부장: 수험생들이 먼저 시험 장소에 도착해야 되니까 다른 사람들이 천천히 출근하는 거죠.

후안: 드라마에서도 봤지만 한국은 대학교 시험이 정말 중요하네요.

부장: 그럼요. 그래서 저도 내일 반차 써서 오후에 출근합니다.

후안: 부장님은 왜요?

부장: 우리 딸도 재수생이라 내일 수능 시험 치거든요.

내일 아침에 시험장까지 데려다주고 응원도 해주고 기도도 해야죠.

후안: 그럼 저도 응원하겠습니다. 수능 대박!

대학수학능력시험, 수능이란?

대학수학능력시험은 1994년부터 대학 입시에 도입한 시험으로 대학에 진학할 수 있는 능력을 시험하는 것입니다. 매년 11월 세 번째 목요일에 시행합니다. 시험 전날에 시험 장소를 배정받습니다. 시험 당일 오전 8시 10분까지 정해진 시험 장소에 입실해야 합니다. 보통 국어, 수학, 영어 시험을 오전에 치고 점심 식사 후에 사회, 과학 등의 선택 과목을 칩니다. 수능 시험 장소는 중학교, 고등학교를 사용하기 때문에 이날 대부분의 중학교, 고등학교가 휴교합니다.

신문으로 보는 '우리'

한국이 잠시 멈추는 날 - 수능

△△일보

수능 시험 당일, 한 외신에서는 한국이 잠시 '셧다운' 된다고 보도했다. 외신은 수능 시험일에 관공서, 기업들이 수험생들의 교통 편의를 위해서 출근 시간을 늦추고 주식 시장 개장도 한 시간 늦게 한다고 보도했다. 이것은 수험생들이 수험 장소에 지각하지 않도록 교통 편의를 제공하기 위한 것이다. 또 시험이 진행될 때는 시험장 주변을 지나는 열차, 차량은 천천히 운행하고 경적 사용을 자제해야 한다고 했으며 오후 영어 듣기 평가 시간에는 항공기 이착륙도 35분간 정지된다고 하였다.

외신은 한국이 이렇게 하는 이유는 한국은 학문적 성공이 가장 중요하기 때문이라고 했다. 명문 대학에 진학해야 취업, 취직이 잘 되고 부와 명예를 얻을 수 있기 때문에 매년 진행되는 수능시험은 매우 중요한 일이라고 하였다. 그러면서 한국은 고등학교 3학년 때 치는 수능시험을 초등학교부터 준비하며 사교육에도 큰돈을 지출한다고 하였다. 2022년 사교육비 가계 지출은 약 26조 원인데 이것은 가계 지출의 20% 이상을 차지하는 규모라고 설명했다.

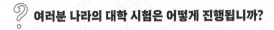

활동
질문에 대답해 봅시다.

❓ 여러분 나라의 대학 시험은 어떻게 진행됩니까?

❓ 여러분 나라의 교육 열기는 어떻습니까? 여러분 나라에도 사교육이
있습니까? 여러분 나라의 교육 분위기를 소개해 보세요.

새로운 단어

배정 받다	입실	휴교	도입되다
생활기록부	비중	학문	사교육

흐엉과 나영이 대화하고 있다.

흐엉: 으악~ 내 최애 아이돌이 군대 간대. 흑흑
나영: 지난번부터 곧 군대 갈 거라고 하더니 이제 가는구나.
흐엉: 그럼 이제 활동하는 것도 못 보는 거야? 너무 슬퍼. 왜 모두 군대를 가야 해?
나영: 한국 남자들은 모두 국방, 병역의 의무가 있거든. 너무 슬퍼하지 마.
　　　제대 후에도 멋지게 활동하는 모습을 볼 수 있을 거야.
흐엉: 그렇겠지? 언제 제대하지? 지금부터 날짜를 세야겠다.

알아보기 2 　한국의 병역의무

한국은 징병제 국가로 한국 국적의 남자는 법에 따라 만 18세 이상이면 병역에 복무할 의무가 있습니다. 군 복무 기간은 육군과 해병대가 18개월, 해군은 20개월, 공군은 21개월입니다. 군대 계급은 이병 → 일병 → 상병 → 병장 순입니다. 군대에 가는 것을 입대, 군 복무를 모두 끝내면 전역, 제대라고 합니다. 한국 남성들은 입대를 하기 전 건강 상태를 확인하는 신체검사를 합니다. 만약 신체적으로 군 복무에 적합하지 못하다고 판단되거나 가정에 여러 사정이 있는 등의 이유로 군 복무를 할 수 없으면 면제를 받거나 다른 사회 기관에서 일을 하는 것으로 대체 복무를 할 수도 있습니다.

신문으로 보는 '군대'

슈퍼스타도 예외는 없다!

△△일보

세계적인 축구 선수 H의 군대 면제 여부에 대해서 유럽 축구계도 관심을 갖고 있다. 유럽 스포츠 매거진은 축구 선수 H가 내년 27세 생일이 되면 군대에 가야 하기 때문에 이번 아시안게임 금메달만이 군 면제 기회라고 했다. 그러면서 한국은 모든 남성이 군대에 가야 하지만 아시안게임이나 올림픽, 세계선수권대회 등에서 금메달을 따면 군 면제를 받을 수 있다고 했다. 또 예술가들이나 클래식 음악가들은 세계적인 대회에서 우승하면 면제를 받을 수 있다고 했다. 병역 면제를 받으면 기초 군사 훈련만 받으면 된다.

알아보기 3

달라진 군대 문화

이전에는 군대에서 휴대폰을 사용할 수 없었습니다. 군인들은 가족, 친구와 연락할 때 공중전화를 이용하거나 손 편지를 써야 했습니다. 2016년부터는 군대에 공용 휴대폰이 보급되었습니다. 휴대폰으로 문자를 보내면 답장을 받을 수 있고 전화는 수신만 가능했습니다. 그러다 2020년부터 군부대 내에서 일과 후 스마트폰을 사용하는 것을 허용했습니다. 때문에 군인들도 평일에는 오후 6시부터 9시까지, 휴일에는 오전 8시 30분부터 오후 9시까지 휴대폰을 사용할 수 있습니다. 군부대나 복무하는 곳에 따라 다르지만 24시간 스마트폰 사용이 가능한 곳도 있습니다. 이 제도가 시행된 이후 군인들은 군대에서도 가족, 친구들과 연락할 수 있게 되었습니다. 하지만 군인의 휴대폰 사용에 대해서 군사 보안, 스마트폰 중독, 부대원 간의 소통 부족 등을 우려하는 목소리도 있습니다. 그렇지만 대다수는 군인들이 휴대폰 사용을 통해 사회와 단절되지 않고 자신의 시간을 보낼 수 있다는 점에서 긍정적인 면이 더 많다고 평가하고 있습니다.

군대스리가	군대에서 하는 축구라는 뜻. 독일의 프로축구 분데스리가(Fuß ball-Bundesliga)에서 가지고 왔다.
밀보드 차트	미국의 음악 순위를 매기는 빌보드(Billboard)에서 가지고 와서 밀리터리(Military), 즉 군대 안에서 인기 있는 음악 순위라는 뜻
군통령	군인들에게 인기가 있는 가수를 뜻하는 말로 군대+대통령이라는 뜻
군대리아 (밀리터리 버거)	군인들에게 제공되는 햄버거로 자신이 직접 만들어 먹을 수 있다. 군대+롯데리아(햄버거 가게 이름)에서 유래된 말.
짬밥	1. '잔반'에서 변한 말, 군대에서 먹는 밥 2. 군대, 직장, 학교 등에서 경험을 뜻하는 은어
곰신	군대 간 남자 친구나 연인을 기다리는 여성을 뜻하는 말로 곰신은 고무신을 뜻한다. 예전에 연인을 두고 다른 사람에게 가는 것을 '고무신을 거꾸로 신었다'고 한 것에서 유래

새로운 단어

국방	병역	계급	면제
공용	수신	복무	시행
군사	보안	부대원	우려

❓ 여러분 나라에는 어떤 의무가 있습니까?

❓ 여러분 나라의 군복무 제도에 대해서 소개해 보세요.

14

팔도 사투리
만다꼬 국시를 묵냐고요?

학습 목표

1. 한국의 사투리를 배울 수 있다.
2. 한국의 사투리를 이해할 수 있다.

14 팔도 사투리
만다꼬 국시를 묵냐고요?

어느 지역 사투리일까요?

밉서예   당깁서예   밀어보소   땡기보소

밀으랑께   밀래요   당기래요   밀어유

땡겨유   당기랑께

마리가 예능 프로그램을 보고 있다.

마리 : 단디 해라. 단디! 고마해라! 마이 묵었다.

나영 : 마리~ 지금 뭐 하고 있어?

마리 : 사투리 연습하고 있어. 내가 좋아하는 아이돌 고향이 부산이래.

나영 : 나도 고향이 부산이야.

마리 : 그래? 그런데 사투리를 전혀 안 써서 몰랐어.

나영 : 가족하고 통화할 때는 사투리를 많이 써.

마리 : 나는 내가 좋아하는 아이돌이 사투리로 말할 때 더 매력적이던데.
　　　　그럼 나영~ 나한테 부산 사투리를 가르쳐 줘. 배우고 싶어.

나영 : 그럼 '갈치도' 해야 돼.

마리 : 갈치? 생선 이름 아니야?

나영 : 아니, '가르쳐 줘'를 사투리로 하면 '갈치도'가 되거든.

마리 : 그렇구나. 그럼 나영 사투리 '갈치도'!

알아보기 1

표준어와 방언

- **표준어**

  한 나라에서 공용어로 쓰는 규범으로서의 언어(국립국어원 표준국어대사전)

- **방언/사투리/지방어/지역어**

  방언이란 어떤 지역이나 지방에서만 쓰는, 표준어가 아닌 말을 말한다.

알아보기 2

방언 특징

한국어의 방언은 어휘, 음운, 문법으로 나눌 수 있으며 음운은 음소, 소리의 길이, 말의 세기 등으로 나눌 수 있습니다. 그중 음소를 기준으로 하면 동부, 서부, 제주로 세 방어권으로 나눌 수 있습니다. 서부는 소리의 길이로 말을 구별할 수 있으며 동부는 말의 세기로 말을 구별할 수 있습니다. 제주는 소리의 어휘, 음소 등이 모두 달라 가장 독특한 모습을 보입니다.

경상	말의 높낮이, 성조가 있고, 억양이 강하며 짧고 강하게 말하는 특징이 있다.			전라 (서남)	단어를 길게 발음하고 센소리 발음은 음정을 높이는 특징이 있다.		
특징	구별	표준어	방언	특징	구별	표준어	방언
발음	-에/애	경상도	갱상도	발음	의	육학년	유강년
	으/어	확실히	학실히		으	못해	모대
어미	-노	어디 가니?	오데 가노?	어미	-도	잡지 않아	잡도 안 해
	-나	집에 가니?	집에 가나?		-니	깨끗하게	깨끄다니
	-어	갑니다	갑니더		-게	얼른 오셔	언능 와게
		갑니까	갑니꺼		-잉	맛있다	맛나다잉
		갑시다	가입시더		-브렀다	먹었다	먹어브렀다
단어	강아지(강새이), X표(꼽표), 제대로(단디), 뭐 하려고(만다꼬) 국수(국시) 등			단어	단단하다(깡깡하다), 까치발(꼿발), 꼼짝없이(달싹없이), 거시기 등		

충청	말이 느리고 천천히 말하는 편이다. 직설적으로 말하기 보다는 완곡한 표현을 쓰는 편이다.			강원 (영동)	영서(철원, 화천, 인제, 춘천, 홍성, 원주)는 음의 길이에 따라 의미 구분 가능, 영동(영월, 정선, 평창, 삼척, 강릉, 양양, 고성)은 음의 높낮이에 따라 의미 구분		
특징	구별	표준어	방언	특징	구별	표준어	방언
어미	-겨	가니?	가는 겨?	조사	-이	코가	코이
		뭐 해?	뭐하는 겨?		-거	네가	니거
	-혀	축하해	축하혀	어미	-구-	줄이다	줄구다
	-햐	피곤해	피곤햐			알리다	알구다

어미	유	그래요	그랬어유

어미	-키-	바뀌다	바꾸키다
어미	-(이)래	칼이야	칼이래
	-(이)래요	강릉이에요	강릉이래요

단어	맞다(기다), 묶다(쩜매다), 고단하다(냉기다), 가위(가새)	단어	가족(소솔), 무릎(고뱅이), 옥수수(옥시기), 벌레(벌거지), 나무(낭그), 새우(생우) 등

제주	모음에 ·가 있다. 어미, 단어가 가장 독특하다.			서울/경기	단어의 소리의 길이 차이에 의해 의미가 달라진다.		
특징	구별	표준어	방언	특징	구별	표준어	방언
조사	-레	하루	ᄒᆞ르	어미	-구-	일하다	일허구
		마루	마리		-해도	공부해도	공부해두
어미	-인	가방 있어?	가방 인?		-니깐	먹으니까	먹으니깐
	-언	밥 먹었어?	밥 먹언?				
	-수다	맛 좋네요	맛있수다				
	-마씨	3천원입니다	3천원마씨		-걸랑	전화했거든	전화했걸랑
	-저	막았다	막앗저				
	-크-	내가 먹겠다	나가 먹으크라				
	-고	예쁜가?	예쁜고?				
단어	어서오세요(혼저옵서예), 미지근(맨도롱), 뭐(무사), 감자(지슬) 등			단어	삼촌(삼춘), 구멍(구녕), 계란(겨란), 돌아다니다(돌아댕기다), 고치다(곤치다) 등		

사투리 Test

경상도	무슨 뜻일까요?
어어어. 그 옷 파이다.	아니, 그 옷 별로다. (억양: 어↘어↗어↘)
뭐 뭇노?	뭐 먹었어?
단디 해라.	제대로 해.
가가?	아까 그 사람이니? (억양: 가↗가↘)

전라도	무슨 뜻일까요?
그것을 포도시 삼켜부렀당께?	그것을 겨우 삼켰다니까.
멀꾸락	머리카락
점드락 일줄 알았는데 싸게싸게 했씨야.	오래 걸릴 줄 알았는데 금방 끝냈다.
그 사람 참말로 권있게 생겨브렀다잉.	그 사람 정말 매력있게 생겼다.

충청도	무슨 뜻일까요?
여 둔눠.	여기 누워.
거 좀 쩜매놔.	그것 좀 묶어놔.
거기 저분 줘.	거기 젓가락 줘.
시절피우지 마!	바보 짓하지마! 멍청한 짓 하지마!

강원도	무슨 뜻일까요?
마카 알콰드래요.	여러분(모두)에게 알려드립니다.
거기 둔눠 뭐하냐?	거기 드러누워서 뭐 하니?
오늘은 너무 하뇨하네.	오늘은 너무 한가하네
씨끄루와.	시끄러워.

제주도	무슨 뜻일까요?
제주도엔 오난 어떵 하우꽈?	제주도에 오니 어때요?
무신거랜 고람 신지 몰르쿠게?	뭐라고 말하는지 모르겠지요?
경 호지 맙서.	그렇게 하지 마세요.
혼저 왕 먹읍서.	어시 와시 드세요.

신문으로 보는 '사투리'

대세가 된 사투리, 미디어에서는 사투리 열풍

△△일보

최근 소셜미디어를 중심으로 사투리를 소재로 한 영상 콘텐츠가 인기를 얻고 있다. 영상 콘텐츠에서는 사투리 선생님이 단어나 문장을 사투리로 어떻게 표현하는지를 알려주는데 조회 수가 수십만에서 수백만 회에 이르고 있다. 예전에는 사투리가 촌스럽고 우스꽝스러우며 지역 느낌이 강하다며 사회에서 거부감을 보이기도 하였다. 그래서 사투리를 고치고 표준어를 사용해야 한다는 분위기도 있었다. 그러나 최근에는 미디어의 영향으로 사투리도 그 지역의 분위기를 느낄 수 있는 정감 있는 말이고 개성이 있다고 느끼는 분위기가 많아졌다. 그러면서 지역에서는 사투리를 보존하기 위해 방언사전을 만드는 등 여러 노력도 하고 있다. 사투리 중에서 가장 독특한 제주도 사투리는 2007년에 '제주어 보존 및 육성에 관한 조례'를 만들어 시행하고 있다. 이 조례에 따라 제주에서는 매년 10월에 제주어 행사를 열고 있다.

활동
질문에 대답해 봅시다.

❓ 여러분 나라의 방언/사투리가 있습니까? 있다면 소개해 보세요.

드라마/영화 속 사투리 대사

제주도	경상도
자이가 말하믄 들을 아이라? 어디 봥 말듣게 생겨시냐? 나가 뭐랜핸? 그게 무신 경 큰 대수라.	느그 아부지 뭐하시노? 우리가 이래 만난 것도 쉽지 않다. 그지예? 이 앞에 조용한 데 가가, 우리 둘이 소주 한 잔 하입시더.
전라도	**충청도**
오늘 해야 될 일도 싹다 해 불고 왔는데 머시 문제 돼.	기억력이 그렇게 좋으면 왜 쌀집을 한대유. 서울대 가셔가꼬 대통령 허시지.
강원도	
배앰, 이기 콱 깨물면 마이 아파.	

사투리 능력 고사

[경상도]

퍼뜩 이자뿌라. 영 파이다. 금마 아이라도 까리하고 혼빵가는 아덜 천리빼까리다.
고다꾜쏙쌔미 추잡끄로 그기머꼬? 글그치게스리 내한테 함 자피바라.
고마쎄리라 어데 널짜뿌가꼬 궁딜 주차삘라니깐. 마 쫌 인쟈 고마질질짜라.
엥가이 해쓰니까네.

• 이 사람의 기분은 어떨까요?
• 주인공의 직업은 무엇일까요?

[전라도]

오늘은 나가 마음이 오살나게 ㉠거시기하다. 달은 영판 순이 낯바닥이다.
요로코롬 밤에 신작로를 혼자서 거시기허기는 참말로 간만이다.
긍께 마음이 더 ㉡거시기하다. 근디 어서 냉갈냄시가 난다.
㉢거시기가 참나 ㉣거시기허고 눈깔이 **뻑뻑**하다.

• '거시기'의 의미가 다른 것은 무엇입니까?

[충청도]

나는 말이야 과일 중에 배가 _____ 좋아.

이 세상서 난 노는 게 _____ 좋아유.

팔도 사투리 중에 충청도가 _____ 정감가쥬. 안그류?

• 공통적으로 들어갈 충청도 사투리 발음은 무엇일까요?
   ① 넘 ② 젤 ③ 질 ④ 길 ⑤ 정

[제주도]

철수: 이 쪼끄뜨레만 오라게.

영희: 무사!?

철수: 호꼼이라도 고치만 있고싶언.

영희: 경 호지 맙서. 놈덜 웃읍니다.

• 대화 내용과 일치하는 것은?
   ① 철수는 자신의 키가 작다고 말한다.
   ② 영희는 집에 가고 싶다고 말한다.
   ③ 철수는 영희가 너무 재미있다고 한다.
   ④ 영희는 철수에게 남들이 웃으니 하지 말라고 한다.

정답

경상도 1) 슬프다 2) 고등학교 수학 선생님

전라도 ⓒ번

충청도 ③번

제주도 ④번

15

신조어와 유행어
얼죽아를 마신다고요?

15 신조어와 유행어
얼죽아를 마신다고요?

오운완 갓생 SNS 점메추

대화

나영, 경수, 흐엉이 수업 마치고 이야기한다.

나영: 수업 끝났다! 갑자기 너무 배고픈데 경수, 점메추?

경수: 오늘 공강 얼마 없어. 학식 가야 돼.

나영: 학식 가면 돈도 아끼니까 오히려 좋아.

흐엉: 난 커피부터 마시고 싶어. 춥지만 아아!

나영: 아아? 흐엉도 얼죽아구나.

흐엉: 아아? 얼죽아? 그게 다 뭐야?

경수: 요즘 신조어야. 새로 생긴 말이지.

흐엉: 그래서 책에서는 못 봤구나. 신조어 더 배우고 싶은데 학식 먹을 때 가르쳐 줘.

나영: 신조어는 동년배들 사이에서 쓰면 재미있지. 가자! 내가 알려 줄게.

신조어와 유행어

- **신조어란?**
  시대의 변화에 따라 새로운 것들을 표현하기 위해 새롭게 만들어진 말이나 기존에 있던 말이라도 새로운 의미를 부여한 말

- **유행어란?**
  비교적 짧은 시기에 여러 사람이 말하다가 사라지는 것

 ## 신조어는 어떻게 만들어지는 걸까?

신조어가 만들어지는 특징은 다음과 같다. 먼저 가장 대표적인 신조어는 말을 줄이는 것이다. 버카충(버스카드 충전), 아아(아이스 아메리카노), 얼죽아(얼어 죽어도 아이스 아메리카노) 등이다. 두 번째는 두 단어를 합치거나 '핵~', '개~' 등과 같은 단어를 붙여서 만드는 것이다. 역과 가까운 곳을 뜻하는 '역세권'에서 '편세권(편의점+세권)', '스세권(스타벅스+세권)'과 같은 말이 생기기도 한다. 또 '핵노잼(아주 재미가 없다)', '개꿀(아주 좋다)'과 같은 단어나 '못된 손(상대방에 대한 배려가 없는 행동)', '착한 가격(물건이 싸다)' 등 서로 다른 단어가 합쳐져서 만들어지기도 한다. 마지막으로

커뮤니티나 뉴스 댓글을 통해 화제가 되면서 만들어지는 신조어도 있다. '머쓱타드(머쓱한 상황을 귀엽게 표현)', '도덕책(당신은 도대체)' 등과 같은 경우이다. 이런 경우가 뜻이나 의미를 가장 예측하기 어렵다.

신조어는 누가, 언제, 어떻게 만드는지는 모르지만 우리가 모르는 사이에 수십 개가 생겨나서 이미 많은 사람들이 사용하고 있다. 특히 10대와 20대와 같은 특정 세대들 사이에서 자주 사용된다. 그래서 신조어는 세대 차이를 보여주기도 한다. 국립국어원이 2021년 만 20세~69세 성인 남녀 5,000명에게 실시한 '2020년 국민의 언어 의식 조사' 결과에서 20대의 95%가 신조어를 사용하고 있었다. 그러나 신조어에 대해서는 부정적인 태도가 65%로 더 많았고, 의미를 파악하기 어렵다고 한 사람도 89%나 되었다.

신조어의 가장 큰 특징은 수명이 짧다는 것이다. 가성비(가격 대비 성능)처럼 유행어가 사전에 등재되는 경우도 있지만 대부분의 신조어는 10년도 채 사용되지 않는다. 국립국어원의 조사에 따르면 신조어가 10년 후에도 사용되는 것은 25%에 불과하다고 한다. 신조어는 한글 파괴, 문법 파괴로 문제가 되기도 하지만 한편으로는 지금, 이 시대를 살고 있는 젊은 세대의 관심사와 사회, 문화 현상을 가장 잘 보여주는 말이기도 하다.

활동
내용을 정리해 봅시다.

신조어 만들어지는 특징	예시
❶	
❷	
❸	
❹	

❓ 여러분이 신조어를 만든다면 어떻게 만들고 싶습니까?

❓ 여러분 나라의 신조어 특징은 무엇입니까?
여러분 나라의 신조어를 소개해 보세요.

 알아보기 2

한국의 세대 구분

세대 구분	출생년도	사회적 사건
시니어(senior) 세대	~1954년생	한국전쟁
베이비붐(baby boom) 세대	1955~1963년	한국전쟁 직후
X세대	1964년~1979년	학력고사 → 수능, 외환위기
밀레니얼(millennial) 세대	1980년~1994년	PC, 인터넷 사용 시작
Z세대	1995년~2004년	PC보다 스마트폰 익숙
알파(Alpha)세대	Z세대 이후	–

세대별로 보는 신조어·유행어

신조어를 알면 시대가 보인다.

1990년대 초반은 한국의 경제 성장 속도가 빨랐던 때이다. 1994년에는 사상 처음으로 1인당 국내총생산(GDP)이 1만 달러를 넘었다. 물질적으로 풍요로워지면서 'X 세대'가 등장했는데 1990년대에 20대를 겪은 사람들을 뜻한다. 이때 유행하는 말은 '오렌지족'과 '야타족'이었다. 1997년 한국은 외환위기가 찾아와서 경제적으로 큰 타격을 입었다. 많은 사람들이 직장을 잃었고 실업률은 최고치를 기록했다. 그때 '명태', '사오정'과 같은 실업과 구조조정에 관한 신조어가 생겼다.

2000년대에는 경제 위기를 극복하자는 사회적인 분위기가 생기면서 사업에 성공하거나 큰돈을 벌자는 의미인 '대박', '부자 되세요' 등의 유행어가 생겼다. 그렇지만 2000년대 말에 글로벌 금융위기가 터지면서 세계 경제는 위기가 찾아왔다. 그때 '이태백', '88만 원 세대', '스펙', '공시족'이라는 말이 나왔다. 하지만 이때 소득 격차와 사회적 불평등 문제도 심각해지면서 돈 걱정 없이 풍요를 즐기는 '금수저', '된장녀, 된장남' 등의 신조어도 나오게 되었다.

2010년대에는 세계적으로 저성장, 저소비, 고실업 추세가 되면서 한국도 사회, 경제 분위기가 어두웠다. 그러면서 연애, 결혼, 출산을 포기하는 'N포 세대'가 등장하고 한국 사회를 비난하는 '헬조선' 단어도 등장했다. 그러나 한편으로는 '탕진잼'처럼 과소비와 유행을 즐기는 사람, 일보다 삶을 즐기는 것을 중요하게 여기는 '욜로', '워라밸'도 함께 나왔다. 이런 2010년대의 분위기는 최근까지도 이어지고 있다. 꿈, 희망, 인간관계 등을 포기하면서 최근에는 '이생망'이나 '짠테크' 등의 신조어가 생기기도 했다.

세대별 신조어·유행어 의미를 알아봅시다.

오렌지족	강남에 살면서 호화로운 소비 생활을 하는 20대
야타족	고급 승용차를 몰고 다니면서 길거리에서 즉석 만남을 하는 오렌지족
명태	원래 생선 말린 것의 이름, '명예퇴직'과 발음이 비슷
사오정	캐릭터 이름이지만 45세가 회사 정년이라는 뜻
부자되세요	신용카드 광고 문구로 광고 모델이 "여러분 부자 되세요"라고 크게 외쳤다.
이태백	중국 당나라 시인 이백(李白)의 자 태백(太白)에 의미를 더하여 '20대 태반이 백수'라는 뜻
88만 원 세대	20대 비정규직 월급이 평균 88만 원
스펙(spec)	직장을 구하기 위해 필요한 학력, 학점, 토익 점수 등의 조건
공시족	공무원 시험을 준비하는 사람들
금수저	태어났을 때 부자 부모를 만나서 금수저를 물고 태어났다는 뜻으로 이와 반대로 가난한 부모 밑에서 자란 사람을 '흙수저'라고 부른다.
된장녀 · 된장남	밥보다 비싼 커피를 들고 다니는 사람으로 사치를 즐기고 허영이 심한 사람
N포 세대	N의 숫자만큼 포기하고 사는 세대
헬조선	Hell+朝鮮. 한국이 지옥에 가깝고 희망이 없다는 뜻
탕진잼	탕진, 즉 가진 것을 다 쓰는 재미로 산다는 뜻
욜로	You Only Live Once의 앞글자를 가지고 온 것. 인생은 한 번뿐, 현재를 즐겨라
워라밸	Work - Life balance. 일과 삶의 균형을 뜻하는 말로 긴 노동 시간에서 벗어나 퇴근 후에 자신의 삶을 즐기자는 뜻

이생망	이번 생은 망했다.
짠테크	'짠다(넉넉하지 않고 매우 아끼다)'와 '재테크'를 합친 말로 절약 중심의 소비 활동을 의미

신문으로 보는 '신조어'

[칼럼] 10월 9일은 한글날 – 세종대왕은 정말 화내실까?

△△일보

해마다 신조어는 쏟아지고 있고 SNS에서는 새로운 유행어가 만들어지고 있다. 한글날이 되면 우리가 한국어, 한글을 제대로, 정확하게 사용하는지 돌아보게 된다. 신조어, 유행어 사용과 거리가 있는 기성세대들은 이런 시대별로 나타나는 신조어가 한글과 한국어를 파괴하고 있다고

한다. 또 "하늘에서 세종대왕이 보고 화내신다."라고 말하기도 한다. 그러면서 세대 간의 소통을 방해한다고 우려한다. 하지만 신조어, 유행어를 즐기고 재미있어 하는 젊은 세대들은 새롭게 생긴 말들은 그 시대를 반영하며 문화의 일부라고 말한다.

새로운 단어

풍요로워지다	타격	실업률	구조조정
위기	격차	불평등	물다

그리고 한글의 우수성 때문에 ㅋㅋㅋㅋ, ㅠㅠ와 같이 표기하는 데 제한이 없고 여러 가지로 응용이 가능하다고 말한다. 또 오히려 이것이 한글의 우수함을 반영한다고 말한다. 시대별로 생겨나는 신조어는 한글을 파괴하는 것이고 세종대왕을 화나게 할까? 아니면 그 시대만이 즐길 수 있는 문화일까? 한글날이 되면 매년 생각해 보게 된다.

활동
질문에 대답해 봅시다.

❓ 신조어 사용에 긍정적인 면과 부정적인 면은 무엇입니까?

❓ 여러분은 신조어 사용에 대해서 어떻게 생각합니까?

Aegyo	애교	**Chimaek**	치맥
Dongchimi	동치미	**Noona**	누나
Fighting	파이팅	**Oppa**	오빠
Konglish	콩글리시	**Unni**	언니
Hallyu	한류	**PC bang**	PC방
k-, comb	한국과 관련한 명사를 만들 때 그 앞에 붙이는 것. 예. K-뷰티, K-푸드 등	**Skinship**	스킨십
mukbang	먹방	**trot**	트로트

외국인을 위한 슬기로운 한국생활 일상생활편

초판발행   2025년 2월 25일

지은이   이현주
펴낸이   안종만·안상준

편 집   소다인
기획/마케팅   박부하
표지디자인   BEN STORY
제 작   고철민·김원표

펴낸곳   (주)**박영사**
              서울특별시 금천구 가산디지털2로 53, 210호(가산동, 한라시그마밸리)
              등록 1959. 3. 11. 제300-1959-1호(倫)
전 화   02)733-6771
f a x   02)736-4818
e-mail   pys@pybook.co.kr
homepage   www.pybook.co.kr
ISBN   979-11-303-2227-8 03710

정 가   17,000원